Jasmin Hagmann
Christoph Hagmann

Assessment Center

Inhalt

Einführung — 7

Allheilmittel Assessment Center? — 9
Wann erwartet den Bewerber ein AC? — 9

Was wird geprüft? — 13
Zwischenmenschliche Fähigkeiten — 15
Administrative Fähigkeiten — 18
Analytische Fähigkeiten — 19
Leistungsverhalten — 20

Wie Sie sich auf ein AC vorbereiten — 25
„Irgendwie durchkommen" reicht nicht aus — 25
Praktische und theoretische Vorbereitung — 26
Aufgaben und Prüfungen im Assessment Center — 27
Ablauf eines Assessment Centers — 29

Die Jury – Ihr stetiger Begleiter — 33
Wer bewertet die Kandidaten? — 33
Die Jury macht keine Pause — 35
Gruppendiskussion — 36
Themenwahl bei Gruppendiskussionen — 40
Üben Sie Gruppendiskussionen — 42
Diskussionsergebnis — 44
Nach der Gruppendiskussion — 44

Präsentationen und Vorträge — 47
Worauf achten die Beobachter? — 48
Selbstpräsentation – so präsentieren Sie sich! — 53
Themen- und andere Präsentationen — 69

 **CD-ROM**

 ÜBUNGEN

Trainieren Sie die Aufgaben, die Sie im Assessment Center gestellt bekommen, wie z. B. Postkorbübungen und Rollenspiele.

 MULTIPLE-CHOICE-TESTS

Prüfen Sie Ihre Fähigkeiten mit Konzentrations-, Leistungs- und Intelligenztests. Mit allen richtigen Lösungen.

 FOTOGENERATOR

Passen Sie Ihre Bewerbungsfotos Ihren Anforderungen an. Sie können Größe, Helligkeit und Kontrast individuell einstellen.

 LEBENSLAUFGENERATOR

Geben Sie einfach Ihre persönlichen Daten ein und das Tool erstellt Ihnen einen perfekten chronologischen Lebenslauf.

Bibliografische Information der Deutschen Nationalbibliothek

Die Deutsche Nationalbibliothek verzeichnet diese Publikation in der Deutschen Nationalbibliografie; detaillierte bibliografische Daten sind im Internet über http://dnb.ddb.de abrufbar.

ISBN 978-3-448-10170-6   Bestell-Nr. 04272-0003
1. Auflage 2006 (ISBN 978-3-448-07553-3)
3. erweiterte Auflage 2010

© 2010, Rudolf Haufe Verlag, Freiburg i. Br.
Redaktionsanschrift: Postfach 13 63, 82142 Planegg/München
Hausanschrift: Fraunhoferstraße 5, 82152 Planegg/München
Telefon (089) 8 95 17-0, Telefax (089) 8 95 17-2 50
Internet: http://haufe.de, E-Mail: erste-hilfe@haufe.de
Lektorat: Jasmin Jallad

Idee & Konzeption: Dr. Matthias Nöllke, Textbüro Nöllke München
Buchgestaltung: Barbara Loy, 80689 München
Umschlaggestaltung: fuchs-design, 81671 München
Redaktion und DTP: Ulrich Leinz, Berlin
Druck: Schätzl Druck, 86609 Donauwörth

Die Angaben entsprechen dem Wissensstand bei Redaktionsschluss am 31.10.2009. Alle Angaben/Daten nach bestem Wissen, jedoch ohne Gewähr für Vollständigkeit und Richtigkeit. Dieses Werk sowie alle darin enthaltenen einzelnen Beiträge und Abbildungen sind urheberrechtlich geschützt. Jede Verwertung, die nicht ausdrücklich vom Urheberrechtsschutz zugelassen ist, bedarf der vorherigen Zustimmung des Verlages. Das gilt insbesondere für Vervielfältigungen, Bearbeitungen, Übersetzungen, Mikroverfilmungen, Auswertungen durch Datenbanken und für die Einspeicherung und Verarbeitung in elektronische Systeme.

Zur Herstellung dieses Buches wurde alterungsbeständiges Papier verwendet.

Inhaltsverzeichnis

Rollenspiele	**77**
Vorbereitung eines Rollenspiels	79
Mitarbeitergespräch	81
Kunden- bzw. Verhandlungsgespräch	92
Gruppendiskussion	98
Postkorbübungen	**101**
Wie löst man Postkorbübungen?	103
Nachfragen der Beobachter	106
Beispiel für eine Postkorbübung	107
Lösungsvorschlag zur Postkorbübung	116
Fallstudien, Schätzaufgaben, Planspiele	**123**
Fallstudie	124
Schätzaufgaben	126
Planspiele, Unternehmensplanspiele	128
Konstruktionsübungen	**131**
Tests	**135**
Konzentrations- und Leistungstests	136
Intelligenztests	139
Persönlichkeitstests	140
Testfragen zum Allgemeinwissen	141
Fachwissenstests	142
Lösungen zu den einzelnen Aufgaben in diesem Kapitel	143
Aufsätze	**145**
Struktur und Aufbau	147
Optisches Erscheinungsbild	148
Selbst- und Fremdeinschätzung	**151**
Selbsteinschätzung	152
Fremdeinschätzung	152

Interview — 155

Stärken-Schwächen-Analyse	156
Leistungsmotivation	158
Sprachliches Ausdrucksvermögen	159
Körpersprache	159
Welche Fragen erwarten Sie im Interview?	162
Nach dem Interview	165

Online-Assessment — 167

Online-Assessment als Marketingstrategie	169

Feedback und Nacharbeiten — 171

Feedbackgespräche	171
Nacharbeiten	172

Die letzten Vorbereitungen — 173

Informationen sammeln	173

Erfahrungsberichte — 179

Assessment Center bei einer Unternehmensberatung	179
Assessment Center bei einem deutschen Automobilhersteller	182

Stichwortverzeichnis — 185

Literaturempfehlungen — 189

Die Autoren — 190

Einführung

Das Assessment Center (AC) gilt als eines der schwierigsten und härtesten Personalauswahlverfahren. Schon allein deshalb fürchten sich viele Berufsanfänger, in der Regel Hochschulabsolventen davor. Und auch Berufserfahrene fühlen sich bei dem Gedanken nicht gerade wohl, sich den Prüfungen und Aufgaben eines ACs unterziehen zu müssen.

Assessment Center – der Weg zum begehrten Job

Möchte man allerdings in bestimmten Branchen Karriere machen und gewisse Positionen besetzen, kommt man um das Assessment Center nur schwer herum. Denn als Personalauswahlverfahren hat es sich in vielen deutschen Unternehmen inzwischen etabliert, auch wenn es in manchen Fällen nicht offensichtlich als Assessment Center deklariert ist. Freuen Sie sich also nicht zu früh, wenn Sie zu einem Development Center, einem Bewerbertag oder einem Potenzialanalyse-Seminar eingeladen werden. In den meisten Fällen erwartet Sie ein AC oder ein vergleichbares Auswahlverfahren. Doch wer sich gründlich und intensiv vorbereitet, ist klar im Vorteil.

Unternehmen sind auf der Suche nach Ihnen

Sie können davon ausgehen, dass man Ihnen im AC nichts Böses will. Im Gegenteil. Die Unternehmen sind auf der Suche nach Mitarbeitern, Nachwuchsführungskräften und Führungspersonal. Auf der Suche nach Ihnen! Wenn Sie also zu einem AC eingeladen werden, haben Sie schon einen Teilerfolg zu verbuchen, denn Sie haben den potenziellen Arbeitgeber von Ihren fachlichen Qualifikationen bereits überzeugen können. Sinn und Zweck des ACs ist es, nun Ihre Stärken, Ihre sozialen Kompetenzen herauszufinden und mit den Anforderungen des Unternehmens abzugleichen. Die Suche nach Ihren Schwächen steht erst einmal nicht im Vordergrund.

Durch Übung zum Erfolg

Eine gute und solide Vorbereitung und das Wissen darüber, was im Assessment Center entscheidend ist und was geprüft wird, ist das A und O. Wir wollen Sie mit diesem Buch dabei unterstützen und Ihnen zeigen, worauf es ankommt, wie Sie die einzelnen Übungen erfolgreich absolvieren und sich mit weniger Angst ins Abenteuer Assessment Center stürzen können.

Dank

Wir möchten uns an dieser Stelle insbesondere bei Kerstin Wessels, aber auch bei Ina Hagmann und Hilmar Franke für die Hilfe und Unterstützung bedanken.

Viel Erfolg wünschen Ihnen *Jasmin Hagmann, Christoph Hagmann*

Allheilmittel Assessment Center?

Das Assessment Center (AC) ist ein Personalauswahlverfahren, das vor allem bei Hochschulabsolventen, Nachwuchsführungskräften und Führungspersonal eingesetzt wird. Der Begriff selbst stammt zwar aus dem Englischen (to assess – beurteilen, bewerten, einschätzen etc.), seinen Ursprung hat das AC jedoch bei der deutschen Reichswehr nach dem ersten Weltkrieg. Das psychologische Forschungszentrum der Universität Berlin entwickelte damals eine Reihe von Tests für die Rekrutierung und Auswahl von geeigneten Offiziersanwärtern. Ziel war es seinerzeit, die Offiziere nicht mehr nach Herkunft sondern nach Qualifikation und Persönlichkeit zu rekrutieren. Diese Zielrichtung ist bis heute geblieben.

Die damals entwickelten Tests und Aufgaben bilden die Grundlage für das heutige AC, auch wenn das Verfahren mit den Jahren immer weiter entwickelt und ausgebaut wurde, vor allem in den USA. Über England war das Auswahlverfahren im Zweiten Weltkrieg in die Vereinigten Staaten gelangt. In den 60er und 70er Jahren des vergangenen Jahrhunderts breitete sich das AC als Personalauswahlverfahren weltweit aus und wurde auch in Deutschland wieder vermehrt eingesetzt.

Trotz aller Weiterentwicklung und zahlreicher psychologischer Studien steht das Assessment Center im Feuer der Kritik. Dabei wird in erster Linie nicht kritisiert, dass es ein schlechtes Auswahlverfahren an sich sei. Es wird vielmehr beanstandet, dass das Verfahren die versprochenen Ansprüche beziehungsweise Erwartungen nicht erfüllt und somit eine Trefferquote und Sicherheit suggeriert, die nicht unbedingt zutrifft.

Wann erwartet den Bewerber ein AC?

Das Assessment Center hat inzwischen in viele deutsche Unternehmen Einzug gehalten. Das gilt vor allem dann, wenn sich die Arbeitgeber auf der Suche nach qualifizierten Bewerbern für das Führungsmanagement befinden und nicht nur die fachliche Qualifikation das alleinige Einstellungskriterium ist.

ACs werden vor allem von großen und mittelständischen Unternehmen eingesetzt, kleinere Unternehmen greifen hingegen eher auf die klassischen Vorstellungsgespräche und eventuell einige schriftliche Tests zurück. Für sie sind die Kosten eines ACs meist zu hoch. Der Aufwand steht in keinem Verhältnis zum Nutzen. ACs werden teilweise auch bei der Bundeswehr und im öffentlichen Dienst eingesetzt.

Mit Hilfe eines Assessment Centers erhoffen sich Unternehmen, einen Blick auf die Kompetenzen der Bewerber werfen zu können, der über das fachliche Know-how hinausgeht. Angesichts der komplexen und anspruchsvollen Anforderungen an einen Mitarbeiter beziehungsweise an Führungskräfte reicht heute die rein fachliche Qualifizierung nicht mehr aus. Auch im Bereich der sozialen Kompetenzen müssen die Bewerber einiges zu bieten haben, um den beruflichen Alltag erfolgreich meistern zu können.

Manche deutsche Unternehmen scheinen sich offiziell vom Assessment Center zu distanzieren. Doch wenn man sich die Einstellungs- beziehungsweise Auswahlprozedere dieser Unternehmen genauer ansieht, enthalten diese zahlreiche klassische Elemente eines ACs. Lassen Sie sich deshalb nicht in die Irre führen. Hinter vielen Auswahlverfahren verstecken sich ein AC oder zumindest klassische Teile davon. Auch die Bewertung folgt nach den in Assessment Centern angewandten Schwerpunkten und Richtlinien. Hier ein paar der alternativen Bezeichnungen, die Unternehmen nutzen:

- Recruiting Workshop
- Personalauswahlverfahren
- Bewerberseminar, Bewerbertag
- Potenzialanalyse-Seminar
- Personal Decison Day
- Development Center
- Auswahlseminar

Sie können deshalb davon ausgehen, dass Sie bei zahlreichen Unternehmen auf ein Assessment Center stoßen werden, etwa bei:

Accenture	Lidl
Audi	Lufthansa
BASF	Mannesmann
BMW	MLP
Boston Consulting Group	Neckermann
Capgemini	Opel
Coca-Cola	Otto-Versand
Daimler-Chrysler	Roche
Deutsche Bank	RWE
Edeka	SAP
E.ON	Shell
Ferrero	Siemens
Gerling	Telekom
Gruner + Jahr	Thyssen-Krupp
Hertie	T-Mobile
Hochtief	Unilever
IBM	VW
Infineon	Wacker Chemie
JP Morgan	Westdeutscher Rundfunk
Kaufhof	WestLB
Kienbaum	Xerox

Eine Liste mit weiteren deutschen bzw. in Deutschland ansässigen oder niedergelassenen Unternehmen, die Assessment Center durchführen, finden Sie auf der beiliegenden CD-ROM.

Was wird geprüft?

Wenn Sie zu einem Assessment Center eingeladen werden, haben Sie bereits einen wichtigen Schritt hin zu Ihrem Traumjob geschafft und die erste Hürde des Auswahlverfahrens genommen. Das bedeutet, dass das Unternehmen, bei dem Sie sich beworben haben, Ihnen die fachliche Bewältigung des Aufgabenbereichs zutraut. Nun möchte der potenzielle Arbeitgeber erfahren, ob Sie ihr Wissen auch anwenden können und die notwendige soziale Kompetenz, so genannte Soft Skills, für den Job mitbringen. Darunter fallen vor allem:

Zwischenmenschliche Fähigkeiten

- Kommunikationsfähigkeit
- Überzeugungskraft
- Durchsetzungsvermögen
- Konflikt- und Problemlösungsfähigkeit
- Auftreten, Ausdrucksverhalten
- Kommunikationsfähigkeit, Ausdrucksvermögen
- Teamfähigkeit und Kooperationsvermögen
- Führungsstil und -qualitäten, Mitarbeitermotivation
- Kontaktverhalten, Sozialverhalten
- Einfühlungsvermögen, Menschenkenntnis
- Offenheit, Interesse
- Selbsteinschätzung, Reflexionsvermögen

Administrative Fähigkeiten

- Entscheidungsfähigkeit, Entscheidungsverhalten

- Delegationsfähigkeiten
- Setzen von Prioritäten
- Organisations- und Planungsfähigkeit, Übersicht

Analytische Fähigkeiten

- Strukturiertes Denken
- Kombinations- und Analysefähigkeiten

Leistungsverhalten

- Einsatz- und Leistungsbereitschaft, Motivation
- Unternehmerisches Denken
- Zielstrebigkeit, Zielorientierung
- Ausdauer, Belastbarkeit
- Selbstorganisation, Zeitmanagement
- Unternehmerisches Denken
- Kreativität
- Flexibilität und Mobilität

Ein Assessment Center besteht nicht nur aus einer einzigen Übung. Die Kandidaten müssen zahlreiche Aufgaben absolvieren und Prüfungen erfolgreich bestehen, um sich als geeigneter Kandidat zu beweisen. Das liegt vor allem daran, dass mit Hilfe weniger Prüfungsaufgaben nicht alle notwendigen Qualifikationen abgefragt werden können. Eine herausragende Führungskraft jedoch muss eine gelungene Mischung aus den oben genannten sozialen Kompetenzen in sich vereinen. Mit dem AC hoffen viele Unternehmen, genau diese herausragenden Allrounder aus dem großen Becken der Bewerber herausfischen zu können.

Zwischenmenschliche Fähigkeiten

Wenn Ihre zwischenmenschlichen Fähigkeiten auf dem Prüfstand stehen, so wollen die Arbeitgeber erfahren, wie Sie mit Kunden, Mitarbeitern, Geschäftspartnern und anderen Bezugspersonen kommunizieren und umgehen. Kann sich der Bewerber im Diskussionsgespräch durchsetzen und zwar nicht, weil er mit der Faust auf den Tisch schlägt, sondern weil er mit Menschenkenntnis, Einfühlungsvermögen und Überzeugungskraft geschickt und erfolgreich agiert? Ihre zwischenmenschlichen Fähigkeiten können oder müssen die Bewerber vor allem in Gruppendiskussionen und Rollenspielen demonstrieren.

Kommunikationsfähigkeit

Die Kommunikationsfähigkeit ist eine der Schlüsselqualifikationen im Assessment Center. In nahezu allen Übungen des ACs ist sie eine notwendige Grundvoraussetzung, um die Aufgaben erfolgreich zu lösen. So wichtig diese Kompetenz im AC ist, so schwer ist sie zu greifen, da sie auf mehreren Ebenen angesiedelt ist und die Basis zahlreicher anderer sozialer Kompetenzen darstellt, selbst aber auch auf einer gehörigen Portion Menschenkenntnis und Einfühlungsvermögen basiert.

Kommunikationsfähigkeit bedeutet nicht einfach, dass Sie bereit oder in der Lage sind, mit anderen Menschen zu sprechen, gar redselig oder mitteilungsbedürftig sind. Kommunikation ist eine der Grundvoraussetzungen für eine funktionierende Berufswelt und wenn im Rahmen eines Assessment Centers Ihre Kommunikationsfähigkeit getestet wird, dann achten die Assessoren vielmehr darauf, ob Sie

- Fragen, Aussagen und Signale wie Gestik, Mimik oder Körperhaltung Ihres Gesprächspartners richtig interpretieren können,

- auf Aussagen, Argumente und Signale Ihres Gesprächspartners eingehen beziehungsweise wirkungsvoll reagieren können,

- aktiv und gut zuhören können,

- wissen, wann Sie was fragen müssen, können oder dürfen
- Ihre Aussagen und Argumente mit den richtigen Signalen zum richtigen Zeitpunkt bei den richtigen Gesprächspartner einbringen können.

Überzeugungskraft, Durchsetzungsvermögen

Im beruflichen Alltag gibt es zahllose Situationen, in denen Mitarbeiter überzeugen und sich durchsetzen müssen. Nehmen Sie an, Sie haben eine Idee oder einen Verbesserungsvorschlag bezüglich eines Projektes oder eines Produktes. Nun müssen Sie Ihren Vorgesetzten, Geschäftspartner oder Kunden von eben dieser Idee überzeugen oder sich gegen andere Vorschläge durchsetzen. Das lässt sich auf viele Bereiche und Situationen übertragen. Wer erfolgreich sein möchte, muss überzeugen und sich durchsetzen können. Allerdings nicht um jeden Preis. Auch hier spielt das Maß und die Art und Weise, wie Sie agieren eine entscheidende Rolle. Manchmal ist eher Takt- und Feingefühl gefragt als durchschlagende Worte.

Konflikt- und Problemlösungsfähigkeit

Es wäre so einfach, wenn im Berufsleben nur eitel Sonnenschein herrschen würde. Dem ist aber leider nicht so und deshalb müssen aufgrund unterschiedlicher Interessen und Standpunkte Konflikte ausgetragen und Probleme gelöst werden. Konkret bedeutet das zum Beispiel, dass Sie sich mit dem Controlling auseinandersetzen müssen, wenn es etwa darum geht, das Budget für ein Projekt zu erweitern. Konflikt- aber dennoch problemlösefähig ist dabei derjenige, der einerseits die Auseinandersetzung nicht scheut, es aber dennoch versteht, Probleme gegebenenfalls auch in Zusammenarbeit mit dem Konfliktpartner zu lösen oder in der Lage ist, nach geeigneten Alternativen oder Kompromissen zu suchen.

Führungsstil und -qualitäten, Mitarbeitermotivation

Wer Führungsaufgaben übernehmen oder in Führungspositionen hineinwachsen möchte, muss sich fragen lassen, wie seine Führungsqualitäten und sein Führungsstil aussehen, sprich seine Beziehung zu und seine Führung von Mitarbeitern. Und ob er es versteht, seine Mitarbeiter zu motivieren. Die Beobachterplattform im AC ist dabei vor allem das Rollenspiel, in dem die Bewerber etwa in die Rolle eines Vorgesetzten schlüpfen und einen Konflikt oder ein Problem mit einem Mitarbeiter lösen müssen.

Teamfähigkeit

Viele Unternehmen wissen die Vorteile von Teamarbeit zu schätzen und legen dementsprechend im Assessment Center auch besonderen Wert auf die Teamfähigkeit der Kandidaten. Im Team zu arbeiten, das bedeutet, gemeinsam nach Lösungen zu suchen, Ideen und Lösungsansätze gemeinsam zu entwickeln sowie aus allen Ideen das Beste herauszufiltern, um die beste bzw. eine optimale Lösung zu erzielen.

Teamfähig zu sein, das bedeutet jedoch nicht nur, sich in eine Gruppe eingliedern und einbringen zu können, sondern bei Bedarf auch die Führung zu übernehmen, um Ideen zu kanalisieren, Diskussionen zu strukturieren und darauf zu achten, dass die Arbeit des Teams ziel- und ergebnisorientiert bleibt.

Auftreten, Ausdrucksverhalten und -vermögen

Die Körpersprache steht bei der Bewertung über Auftreten und Ausdrucksverhalten der Kandidaten im Vordergrund. Passen Gestik, Mimik und Tonfall des Bewerbers einerseits zur jeweiligen Situation und andererseits zu dem, was er sagt beziehungsweise vermitteln möchte? Wie wirkt der Kandidat? Was für eine Ausstrahlung hat er? Schüchtern, selbstbewusst, arrogant? Gerade im Umgang mit Kunden ist das Auftreten eines Mitarbeiters von Bedeutung.

Viele Bewerber machen allerdings den Fehler, immer offen und freundlich zu wirken. Doch das ist nicht immer angemessen. Wenn Sie mit einem uneinsichtigen Mitarbeiter ein Gespräch haben, darf dieser auch merken, dass Sie mit seinem Verhalten nicht einverstanden sind. Allerdings sollten Sie dennoch versuchen, die Situation zu entschärfen und eine Lösung zu finden.

Selbst- und Fremdeinschätzung, Reflexionsvermögen

Ein guter Mitarbeiter, eine gute Führungskraft weiß um die eigenen Stärken und Schwächen. Im Assessment Center sollen die Bewerber unter Beweis stellen, dass sie dazu ebenfalls in der Lage sind. Immerhin kann man seine Stärken nur dann richtig einsetzen, wenn man sie kennt und sich etwa Unterstützung holen, wenn man weiß, wo die eigenen Schwächen liegen. Ihre Selbst- und Fremdeinschätzung sowie Ihr Reflexionsvermögen sind meist im persönlichen Interview gefragt.

Allerdings kann es auch vorkommen, dass Sie nach Gruppendiskussionen oder Präsentationen gefragt werden, welchen Eindruck Sie vom Verlauf der Übung hatten beziehungsweise welchen Eindruck Sie von den Leistungen der anderen Kandidaten hatten.

Administrative Fähigkeiten

Um das berufliche Alltagsgeschäft erfolgreich meistern zu können, sind vor allem administrative Fähigkeiten gefragt. Im Vordergrund stehen dabei etwa die Fragen, ob der Bewerber Aufgaben delegieren, Entscheidungen fällen, seinen beruflichen Alltag organisieren, Prioritäten setzen und trotz allem noch die Übersicht bewahren kann. Diese Fähigkeiten werden im Assessment Center etwa im Rahmen der Postkorbübung auf die Probe gestellt.

Entscheidungsfähigkeit, Entscheidungsverhalten

Wer heute oder im Verlauf seiner weiteren Karriere eine Führungsposition einnehmen möchte, muss Entscheidungen – auch unter psychischem und zeitlichem Druck – treffen, erklären und bei kritischen Nachfragen gegebenenfalls auch rechtfertigen können. Im Vordergrund der Übungen steht dabei nicht zwingend die Qualität der Entscheidungen, sondern die Frage, ob Entscheidungsfreude und Entscheidungsfähigkeit tatsächlich zu den Stärken eines Bewerbers zählt.

Besonderes Augenmerk legen die Beobachter etwa darauf, wie, auf welcher Grundlage und wie zügig die Kandidaten Entscheidungen treffen.

Wer zu lange zögert, ständig alle Vor- und Nachteile genau erfassen und abschätzen möchte, um auf keinen Fall ein Risiko einzugehen, taugt zwar zum umsichtigen Berater, verfügt aber nicht unbedingt über die Qualitäten einer Führungskraft. In manchen Fällen müssen Entscheidungen schnell und dennoch zielsicher gefällt werden, auch wenn damit Risiken und Unsicherheiten verbunden sind.

Delegationsfähigkeiten

Es mag nicht immer leicht sein, Aufgaben aus der Hand zu geben, sie anderen zu übertragen, wenn man selbst für deren erfolgreiche Ausführung verantwortlich ist. Doch auch das Delegieren von Aufgaben gehört zu den Qualifikationen, über die Führungskräfte verfügen müssen, zumal sie im Berufsalltag gar nicht die Zeit haben, alles selbst zu erledigen.

Setzen von Prioritäten

Nicht alles hat höchste Priorität. Ein guter Mitarbeiter, eine gute Führungskraft muss Schwerpunkte setzen können, Wichtiges von weniger Wichtigem unterscheiden und entsprechend handeln beziehungsweise delegieren können. Denn auch hier gilt, Sie können nicht alles alleine machen und schon gar nicht sofort.

Analytische Fähigkeiten

Unter die analytischen Fähigkeiten fallen vor allem jene Fähigkeiten, die es Mitarbeitern ermöglichen, komplizierte und komplexe Probleme oder Aufgaben schnell erfassen und lösen zu können. Da im Berufsalltag viele Vorgänge oder Entscheidungen aneinander geknüpft oder miteinander verwoben sind, legen Arbeitgeber sehr viel Wert auf die analytischen Fähigkeiten ihrer Mitarbeiter, vor allem bei ihren Führungskräften. Im AC sollen vor allem Planspiele oder Fallstudien sowie allgemeine Testaufgaben diese Fähigkeiten ermitteln.

Strukturiertes Denken

Wer sich blindlings an die Lösung von Aufgaben oder Problemen heranmacht, läuft nicht nur Gefahr, das Wichtige zu übersehen und sich mit zweitrangigen Dingen zu beschäftigen, sondern auch, viel Zeit zu vergeuden. Doch gerade Zeit ist meist Mangelware und ein teures Gut. Wer dagegen strukturiert an Aufgaben herangeht, arbeitet in der Regel nicht nur effizienter und effektiver sondern auch qualitativ wertvoller und ist somit für den Arbeitgeber verständlicherweise ein attraktiver Kandidat. Nicht zuletzt auch deshalb, weil diese Mitarbeiter ein größeres Arbeitspensum absolvieren können. In Planspielen, Fallstudien und Präsentationen etwa wird auf das strukturierte Denken besonders viel Wert gelegt.

Kombinations- und Analysefähigkeiten

Nicht immer ist alles auf den ersten Blick eindeutig und übersichtlich. In vielen Fällen muss man sich erst einmal durch einen unübersichtlichen Berg von Informationen und Unterlagen durchkämpfen. Das trifft auf viele berufliche Situationen zu. Nun gilt es, sich einen Überblick zu verschaffen. Dafür müssen unter Umständen Probleme und Situationen analysiert und Informationen verknüpft werden, ehe ein Gesamtbild entsteht.

Ihre Kombinations- und Analysefähigkeit stehen unter anderem bei der Postkorbübung aber auch bei Leistungstests, Planspielen und Fallstudien unter Beobachtung.

Leistungsverhalten

Unternehmen wünschen sich leistungsorientierte Mitarbeiter, die Einsatz zeigen, kreativ, motiviert und belastbar sind. Mitarbeiter und Führungskräfte, die Ziele vor Augen haben und diese auch realisieren können. Um das Leistungsvermögen von Bewerbern zu testen, setzen Unternehmen neben der Postkorbübung, die in diesem Zusammenhang vor allem die Ausdauer und Belastbarkeit der Kandidaten überprüft, auch Fallstudien oder Planspiele ein. Eine besondere Rolle spielt jedoch das persönliche Interview. Gehen Sie also davon aus, dass man Sie dort nach Ihrer Motivation, Ihren Interessen, Ihrer Begeisterung fragen wird.

Einsatz- und Leistungsbereitschaft, Motivation

Kaum ein Unternehmen wird einen Mitarbeiter einstellen, der keinerlei Einsatz- beziehungsweise Leistungsbereitschaft oder Motivation an den Tag legt. Im Prinzip können Arbeitgeber sicherlich davon ausgehen, dass die Teilnehmer eines Assessment Centers über eine relativ große Einsatz- und Leistungsbereitschaft verfügen, doch überprüfen wollen sie es dennoch.

Auch die Lernbereitschaft der Bewerber spielt in diesem Zusammenhang eine wichtige Rolle. Wer nicht bereit ist, sich fortzubilden oder weiterzuentwickeln wird nicht nur beruflich einen Stillstand erleben müssen, er ist auch für Unternehmen als Mitarbeiter uninteressant.

Zwar zeichnet sich in der Regel während des gesamten Assessment Centers ab, wie einsatz- und leistungsbereit die einzelnen Kandidaten sind, dennoch gilt das persönliche Interview als eigentliche Beobachtungsgrundlage.

Unternehmerisches Denken

Unternehmerisch denkt und handelt derjenige, der sich einem Unternehmen gegenüber verpflichtet fühlt, es voranzubringen. Dahinter verbirgt sich in vielen Fällen eine emotionale Bindung zu oder eine Identifizierung mit dem Unternehmen. Der Arbeitgeber hat an solchen Mitarbeitern natürlich ein erhebliches Interesse, denn diese tragen zum Erfolg des Unternehmens bei beziehungsweise versuchen, einen Misserfolg zu verhindern. Inwieweit Kandidaten über unternehmerisches Denken verfügen, soll meist mit Hilfe von Planspielen und Fallstudien ermittelt werden.

Zielstrebigkeit, Zielorientierung

Natürlich ist es im Interesse eines jeden Arbeitgebers, dass seine Mitarbeiter zielstrebig und zielorientiert sind. Denn es ist niemandem geholfen, wenn Projekte avisiert und begonnen, aber nicht zu Ende gebracht werden. Das kostet Geld und Zeit und bringt das Unternehmen im Hinblick auf die Konkurrenz meist auch ins Hintertreffen. Bei Gruppendiskussionen und Rollenspielen aber auch bei Fallstudien und Planspielen haben zielstrebige und zielorientierte Kandidaten die Möglichkeit zu punkten.

Belastbarkeit, Stressresistenz, Ausdauer

Angesichts des steigenden Drucks in den meisten Berufsfeldern, legen Arbeitgeber verstärkt Wert darauf, dass ihre Mitarbeiter diesem auch gewachsen sind. Die Belastbarkeit, die Stressresistenz und die Ausdauer der Kandidaten werden eigentlich bei allen Übungen im AC stets beobachtet. Das Assessment Center selbst ist für die meisten Bewerber schon Stressübung genug. Während der einzelnen Übungen wird der Stressfaktor durch enge Zeitvorgaben, umfangreiche Aufgaben oder provokante Zwischenfragen noch zusätzlich erhöht.

Selbstorganisation, Zeitmanagement

Hierbei wird überprüft, ob die Kandidaten in der Lage sind, ihren Aufgabenbereich zu strukturieren ohne dabei das Zeitmanagement aus den Augen zu verlieren. Die Zeit spielt im Assessment Center allgemein eine sehr wichtige Rolle. Nahezu alle Aufgaben haben eine Zeitvorgabe, die nicht überschritten werden darf, sonst droht der Abbruch der Prüfungseinheit. Das mag sich im ersten Augenblick hart und überzogen anhören, aber der berufliche Alltag besteht nahezu ausschließlich aus Vorgaben und Terminen, die eingehalten werden müssen. Wer es da nicht versteht, seinen Arbeitsablauf sowie sein Zeitmanagement zu strukturieren und zu organisieren, wird auf Dauer nur schwer bestehen können.

Kreativität, Innovationsfähigkeit

Altbewährtes kann man sicherlich erhalten. Doch neue Ideen bringen voran und sind deshalb auch im Berufsleben und für die berufliche Weiterentwicklung ein unbedingtes Muss. Das gilt auch für Unternehmen. Das Interesse an kreativen und innovativen Mitarbeitern ist dementsprechend groß.

Während unter Kreativität in erster Linie tatsächlich Ideenreichtum verstanden wird, verbirgt sich hinter Innovationsfähigkeit eine komplexe Qualifizierung der Mitarbeiter. Diese reicht von der Problemerkennung und -analyse über die Idee bis hin zur erfolgreichen Umsetzung.

Beide Soft Skills sind allerdings nur in wenigen Bereichen (etwa im Marketing oder bei Forschung und Entwicklung) das tatsächlich ausschlaggebende Kriterium für die Einstellung eines Mitarbeiters. Wer jedoch keinerlei Kreativität besitzt, wird es auch nicht leicht haben, ein Assessment Center erfolgreich abzuschließen, denn in vielen Prüfungen ist Kreativität gefragt, wenn auch nicht immer offenkundig.

Flexibilität und Mobilität

Die Flexibilität eines Bewerbers lässt sich am besten im persönlichen Interview, aber auch in Rollenspielen und Gruppendiskussionen ermitteln. Mobilität bedeutet die Bereitschaft, für den Beruf in eine andere Stadt, ein anderes Land zu ziehen oder als Geschäftsreisender ständig unterwegs zu sein. Diese Mobilität ist in einigen Berufsfeldern (Außendienst, Vertrieb, Beratung, Projektarbeit etc.) nahezu unumgänglich geworden und stellt somit ebenfalls ein Einstellungskriterium dar.

Flexibilität bedeutet hingegen, sich auch auf Neues und Unbekanntes einzulassen. Die eigenen Erfahrungen, Methoden und Arbeitsweisen zugunsten neuer Strategien, Ideen und Entwicklungen zu überdenken und gegebenenfalls zu revidieren.

Wie Sie sich auf ein AC vorbereiten

„Irgendwie durchkommen" reicht nicht aus

Vor allem Berufsanfänger machen häufig den Fehler, sich nicht genügend auf ein Assessment Center vorzubereiten. Sie fragen Studienkollegen, Freunde oder Bekannte nach deren Eindrücken und Erfahrungen und sind sich sicher, diese Art der Vorbereitung würde genügen, „um da schon irgendwie durchzukommen."
Das ist jedoch weit gefehlt. „Irgendwie durchkommen" bedeutet nicht, die zu besetzende Stelle auch zu erhalten. Sehen Sie das Assessment Center als eine Art Prüfung, auf die man sich intensiv vorbereiten muss, wenn man sie erfolgreich absolvieren möchte. Hinzu kommt, dass man bei den meisten Assessment Centern nicht nur gegen sich selbst ankämpfen muss, sondern gegen zahlreiche Mitkonkurrenten, die alle die fachlichen Grundvoraussetzungen für die Stelle mitbringen und sich zudem auf das Auswahlverfahren vorbereitet haben.

Vorbereitung wird erwartet

Da das Assessment Center als Auswahlverfahren mittlerweile weit verbreitet ist, gehen Personalverantwortliche inzwischen davon aus, dass diese wissen, was auf sie zukommt und sich entsprechend vorbereiten. Unvorbereitete Kandidaten schneiden in der Regel bei den einzelnen Aufgaben und Prüfungen nicht nur schlecht ab, sie vermitteln den Beobachtern auch den Eindruck, ihnen fehle nicht nur die notwendige Motivation, sondern auch berufliche Weitsicht, Reife und Ernsthaftigkeit. Kaum ein Arbeitgeber möchte Mitarbeiter in seinen Reihen haben, die es nicht für notwendig halten, sich auf gewisse Situationen und Aufgaben vorzubereiten. Bei unvorbereiteten Kandidaten wird er davon ausgehen, dass sie im späteren Berufsalltag wohl ebenfalls unvorbereitet von einem Meeting ins andere laufen. Vielversprechend wirken diese Bewerber daher im Assessment Center nicht.

Praktische und theoretische Vorbereitung

Um einen realen Eindruck davon zu bekommen, wie ein Assessment Center abläuft, wie

- die Stimmung und Anspannung ist,
- hoch der Druck auf die Kandidaten tatsächlich ist,
- die einzelnen Übungen und Aufgaben tatsächlich ablaufen,
- eng die Zeitvorgaben sind,
- gut oder schlecht die Konkurrenz ist,

empfiehlt es sich, ein Assessment Center zu Übungszwecken zu durchlaufen. Dafür gibt es zwei Möglichkeiten:

Simulierte Assessment Center

Einige Firmen, Agenturen und Organisationen bieten so genannte Test-ACs an, etwa MLP oder die Debeka in Zusammenarbeit mit Hochschulorganisationen. Allerdings werden Sie bei simulierten Assessment Centern nie analoge Bedingungen zu einem realen AC finden. Der psychische Druck auf die Kandidaten lässt sich nur schwer simulieren.

Üben bei realen Assessment Centern

Wirkungsvoller ist die Alternaive, ein AC bei einem Unternehmen zu durchlaufen, bei dem Sie nicht unbedingt anfangen möchten – auch wenn die Unternehmen und Personalentscheider diese Art der Vorbereitung nicht unbedingt gerne sehen. Allerdings sollten Sie sich auch auf Ihre so genannten Probe-ACs intensiv vorbereiten, ansonsten ist Ihre Teilnahme wirkungslos.

Aufgaben und Prüfungen im Assessment Center

Die Palette der Aufgaben und Prüfungen, auf die Sie in Assessment Centern treffen können, ist reichhaltig. Da jeder Arbeitgeber einen anderen Schwerpunkt bei der Auswahl seiner Mitarbeiter setzt, hängt die Zusammenstellung der Übungen von den jeweiligen Bedürfnissen des Unternehmens ab. Folgende Aufgaben können Ihnen im AC begegnen. Alle Aufgaben sowie deren Bewältigung werden wir in den folgenden Kapiteln ausführlich beschreiben.

Gruppendiskussion

- führerlos oder mit Moderator
- mit oder ohne vorgegebener Rolle
- mit oder ohne vorgegebenem Thema

Rollenspiele

- Mitarbeitergespräch
- Kunden- bzw. Verhandlungsgespräch
- Diskussionsrunden

Präsentationen und Vorträge

- mündliche Präsentation eines vorgegebenen oder selbst ausgewählten Themas, eine anschließende Diskussion mit den Beobachtern ist möglich
- schriftliche Ausarbeitung eines vorgegebenen Themas, eine anschließende Diskussion mit den Beobachtern ist zwar möglich aber eher selten

Selbstpräsentation

- mündliche Präsentation
- schriftliche Kurzbeschreibung, Fließtext oder Ausfüllen eines Fragebogens

Postkorbübung

- schriftliche Lösungspräsentation mit oder ohne anschließende Befragung
- mündliche Lösungspräsentation mit oder ohne anschließende Befragung

Planspiele, Schätzaufgaben und Fallstudien

- Einzelübung mit schriftlicher oder mündlicher Präsentation
- Gruppenübung mit schriftlicher oder mündlicher Präsentation

Interviews

- persönliches Gespräch, meist mit Personalentscheidern

Tests

- Intelligenztests
- Konzentrations- und Leistungstests
- Persönlichkeitstests
- Fach- und Wissentests

Selbst- und Fremdeinschätzungen

- mündliche Befragung
- Computer unterstütze Testaufgaben

Konstruktionsübungen

- meist praktische, kreative Übung

- Fach- und Wissenstests sind eher selten und nur in Ausnahmefällen Gegenstand eines Assessment Centers.

International ausgerichtete Unternehmen

Wenn Sie sich bei einem international ausgerichteten Unternehmen beworben und nun eine Einladung zu einem Assessment Center erhalten haben, sollten Sie damit rechnen, dass auch Fremdsprachentests (meist Englisch) durchgeführt werden. Diese sind meist mündlich und können bereits vor dem Assessment Center stattfinden, etwa im Rahmen eines Telefoninterviews. Finden sie erst im Assessment Center statt, sollten Sie sich ebenfalls auf einen mündlichen Test einstellen, etwa eine kurze Präsentation.

Bei den meisten der hier aufgeführten Aufgaben und Prüfungen gibt es kein Richtig oder Falsch, von den Tests und einigen Fallstudien einmal abgesehen. Entscheidend bei den meisten Aufgaben ist vielmehr die Art und Weise, wie Sie an die anstehenden Aufgaben und Probleme herangehen, wie Sie mit Menschen umgehen, wie zielstrebig oder ausdauernd Sie sind und welchen persönlichen Eindruck Sie bei den Beobachtern hinterlassen. Eine rein objektive Bewertung ist demnach nicht möglich, auch wenn die Beobachter versuchen, Ihre Leistungen nach objektiven Richtlinien und Maßstäben zu bewerten.

Ablauf eines Assessment Centers

Eine Vorgabe, wie ein Assessment Center ablaufen oder die Zusammenstellung der Prüfungsaufgaben aussehen sollte, gibt es nicht. Das liegt in erster Linie daran, dass die Unternehmen den Aufbau und die Aufgaben den Anforderungen ihres Unternehmens beziehungsweise der zu besetzenden Stelle anpassen. Auch die Dauer des Auswahlverfahrens ist nicht einheitlich.

In der Regel setzen die Unternehmen ein bis zwei Auswahltage an, der Trend geht jedoch eindeutig zu eintägigen Auswahlverfahren. In Ausnahmefällen, etwa bei der Auswahl von absoluten Spitzenkräften, kann ein Assessment Center auch über zwei Tage hinausgehen. Wenn für das Auswahlverfahren nur wenige Stunden angesetzt sind, kann jedoch nur noch schwer von einem Assessment Center gesprochen werden.

Gemäß einer Umfrage der Zeitschrift Junge Karriere unter deutschen Unternehmen, die das Assessment Center als Auswahlverfahren nutzen, gehören Gruppendiskussionen sowie Präsentationen im Allgemeinen zu den beliebtesten und am häufigsten eingesetzten Übungsaufgaben. Befragt wurden dabei zahlreiche groß- und mittelständische Unternehmen. Die Rangliste im Einzelnen

- Gruppendiskussion
- Selbstpräsentation oder Präsentation des eigenen Lebenslaufes
- Rollenspiel
- Fallstudie
- Postkorbübung

Intelligenz- und Persönlichkeitstests landeten auf den letzten Plätzen. Das gleiche gilt für so genannte Fachwissenstests.

Um Ihnen einen Eindruck zu geben, wie ein Assessment Center im Allgemeinen aufgebaut ist und wie Ihr Auswahltag aussehen kann, stellen wir Ihnen hier die Agenda eines eintägigen ACs vor.

TYPISCHER ABLAUF EINES EINTÄGIGEN ASSESSMENT CENTER

Vormittag

- **8.00:** Begrüßung und Vorstellung der Assessoren
  Präsentation des Unternehmens
  Überblick über den Ablauf des Assessment Centers
- **8.30:** Vorstellungsrunde der Kandidaten
- **9.30:** Gruppendiskussion
  Die Bewerber werden in Gruppen aufgeteilt und erhalten jeweils ein Thema, das sie diskutieren sollen. Vorbereitung 10 Min., Diskussionsdauer 15 Min.
- **10.00:** Präsentation der Ergebnisse
- **10.45:** Kaffeepause
- **11.00:** Postkorbübung, Bearbeitungszeit 60 Min.
- **12.00:** Mittagspause

Nachmittag

- **13.00:** Fallstudie; Vorbereitung 45 Min., Präsentation 10 Min.
- **14.30:** Rollenspiele; Vorbereitung 5 Min., Übung 15 Min.
- **15.30:** Kaffeepause
  Verabschiedung aller Kandidaten, die bislang nicht überzeugen konnten
- **16.00:** Interviewrunde mit den Kandidaten
- **18.00:** Feedbackgespräche
- **gegen 19.30:** Ende der Veranstaltung

Die Jury – Ihr stetiger Begleiter

Wer bewertet die Kandidaten?

Beobachter und Assessoren

Den Bewerbern gegenüber steht eine Gruppe von Beobachtern, auch Assessoren genannt. In der Regel handelt es sich dabei um Mitarbeiter des Unternehmens. Diese können aus den jeweiligen Fachbereichen selbst sein, aber auch aus dem Personal- oder Recruitingbereich. In manchen Fällen sind daneben auch externe Personalberater oder Psychologen anwesend. Die Mitglieder der Beobachtergruppe sind meist erfahrene Personalprofis. Doch auch sie sind nur Menschen und unterliegen trotz aller Bestrebungen zur Objektivität ihrer subjektiven Einschätzung. Auch ihnen unterlaufen Wahrnehmungs- und Bewertungsfehler.

DIE BEOBACHTUNG BEGINNT VOR DER ERSTEN ÜBUNG

Vorsicht: Ein Assessment Center beginnt nicht mit der ersten Ihnen gestellten Prüfungsaufgabe, sondern bereits mit dem ersten Kontakt. Schon der Eindruck der ersten Begegnung fließt bewusst oder unbewusst in die spätere Beurteilung der Beobachter mit ein. Stellen Sie sich daher darauf ein, dass Sie bereits beim Eintreten in die Unternehmenslobby oder den Veranstaltungsraum wahrgenommen und somit auch beobachtet werden können. Manche Kandidaten begegnen einem Beobachter auch schon mal beim Parken in der Tiefgarage.

Wie wird bewertet?

Ihre Eindrücke halten die Assessoren in so genannten Bewertungsbögen fest. Für jeden Kandidaten erhalten sie einen. Im Prinzip gleicht das System einem Benotungsschlüssel in der Schule oder einem Kundenfragebogen. Die Leistungen der Bewerber werden auf einer Bewertungsskala (0-

100 oder 1-5) festgehalten. Die Beobachter beurteilen die Leistungen der Teilnehmer nach vorgegebenen Schlüsselmerkmalen und Bewertungskriterien. Diese basieren meist auf den bereits genannten sozialen Kompetenzen, können aber auch noch detaillierter ausfallen.

Solch einen Bewertungsbogen finden Sie auf der beiliegenden CD-ROM. Sie können ihn ausdrucken und als Grundlage für Ihre Übungsaufgaben verwenden, etwa, wenn Sie mit Freunden oder Bekannten üben und sich von ihnen beurteilen bzw. bewerten lassen möchten. Die Übungen, bei denen Sie den Bewertungsbogen anwenden können, sind im Verlauf des Buches entsprechend gekennzeichnet bzw. wir weisen Sie explizit noch einmal darauf hin.

Verständlicherweise kommen nicht alle Bewertungsmerkmale bei allen Übungen zum Zuge. Welche Schlüsselqualifikationen beziehungsweise Soft Skills bei den jeweiligen Aufgaben geprüft, beobachtet und bewertet werden, können Sie ganz einfach unseren Checklisten zu Beginn der jeweiligen Kapitel entnehmen.

Der erste Eindruck

Versuchen Sie von Beginn an offen und freundlich zu sein. Der erste Eindruck ist entscheidend und prägt, wenn auch unbewusst, oft genug die Beurteilung während des gesamten Assessment Centers. Wer am Anfang bereits einen negativen Eindruck auf die Jurymitglieder macht, wird es im Verlauf des ACs meist schwer haben, diesen wieder auszugleichen oder wettzumachen.

 NICHT ANBIEDERN

Vermeiden Sie es, sich bei den Beobachtern anzubiedern. Die Personalprofis empfinden das nicht nur als störend sondern auch höchst unprofessionell. Der Kandidat hinterlässt dabei nicht nur einen schlechten Eindruck sondern möglicherweise auch die Vermutung, er wolle ein Manko seinerseits verbergen bzw. ausgleichen.

Die Jury macht keine Pause

Beobachtung fernab der Übungen

Sie werden nicht nur während der ganz offensichtlichen Prüfungen von den Assessoren beobachtet und beurteilt. Rechnen Sie damit, auch während der Pausen im Visier der Beobachter zu sein. Die Assessoren wollen sich dabei ein Bild von den zwischenmenschlichen und sozialen Qualitäten der Bewerber machen, wenn sich diese unbeobachtet fühlen, zum Beispiel vor dem Assessment Center, in den Kaffee- und Ruhepausen, während Leerlaufzeiten, während des Mittagessens, während der Vorbereitungszeiten auf einzelne Aufgaben, während der Präsentationszeit anderer Kandidaten etc. Für die Beobachter interessant ist dabei etwa:

- Wie verhält sich der Kandidat anderen Kandidaten gegenüber?
- Ist er gesellig, kommunikativ oder schüchtern?
- Zieht er sich zurück? Ist er ein Einzelgänger?
- Wirkt er nervös oder aufgedreht?
- Fällt er negativ auf, etwa durch schlechtes oder lautes Verhalten?
- Hört er anderen Kandidaten aufmerksam zu?

PRÄGEN SIE SICH DIE GESICHTER DER BEOBACHTERGRUPPE EIN

Prägen Sie sich zu Beginn des Assessment Centers die Gesichter der Beobachter ein. So wissen Sie immer, mit wem Sie es gerade zu tun haben.

Gelegentlich mischen sich die Beobachter auch unter die Bewerber oder suchen das persönliche Gespräch. Zeigen Sie sich in jedem Fall freundlich und aufgeschlossen. Dennoch sollten Sie sich im „vertrauten" Gespräch nicht zu offen zeigen: Äußern Sie keine negative Kritik am Unternehmen. Selbst dann nicht, wenn Sie konkret gefragt werden. Versuchen Sie in diesen Fällen diplomatisch zu bleiben.

Seien Sie generell vorsichtig mit Kritik. Vermeiden Sie es, mit den Beobachtern oder anderen Bewerbern allzu kritisch über Sinn und Unsinn von ACs zu diskutieren. Das kommt bei den Assessoren in der Regel nicht sonderlich gut an. Auch dann nicht, wenn sich die Beobachter selbst kritisch über das Assessment Center äußern.

Gruppendiskussion

 WELCHE KOMPETENZEN BEOBACHTET WERDEN

Kommunikationsfähigkeit	☐
Durchsetzungsvermögen	☐
Kooperationsfähigkeit	☐
Konfliktfähigkeit	☐
Sprachliches Ausdrucksvermögen	☐
Teamfähigkeit	☐
Sozialverhalten	☐
Kollegialität	☐
Integrationsverhalten	☐
Koordinationsfähigkeit	☐
Einfühlungsvermögen	☐
Zielstrebigkeit	☐
Selbstkontrolle	☐

Wie sehen Gruppendiskussionen aus

Die Gruppendiskussion ist eine der aussagekräftigsten Aufgaben des Assessment Centers und spielt daher eine entscheidende Rolle. Folgende mögliche Konstellationen sind denkbar:

- Gruppendiskussion ohne vorgegebenes Thema (d. h. die Diskussionsteilnehmer einigen sich auf ein selbst gewähltes Thema), keine Vorbereitungszeit
- Gruppendiskussion mit vorgegebenem Thema, mit oder ohne Vorbereitungszeit
- Gruppendiskussion mit vorgegebenem Thema und vorgegebenen Rollen (Rollenspiel), mit oder ohne Vorbereitungszeit

Worauf es bei der Moderation ankommt

Die Diskussionsrunden bestehen meist aus vier bis sechs Teilnehmern. Sie können führerlos sein oder einen Gesprächsleiter, einen so genannten Moderator haben. Diese Rolle übernimmt meist einer der Kandidaten. In der Regel soll die Gruppe selbst einen Moderator aus ihren Reihen bestimmen, es kann aber auch sein, dass die Rolle des Gesprächsleiters von vornherein durch die Beobachter festgelegt wird. Fällt die Wahl dabei auf Sie, ist es Ihre Aufgabe, für eine strukturierte Diskussion zu sorgen, die am Ende auch zu einem Ergebnis kommt.

Achten Sie während der Diskussion, auch unabhängig davon, ob Sie die Moderatorenrolle übernommen haben oder nicht, darauf, dass

- die Ziele der Diskussion klar gesteckt werden,
- Ergebnisse, auch Zwischenergebnisse immer wieder zusammengefasst werden,

- jeder Diskussionsteilnehmer seine Ideen und Vorschläge in die Diskussion einbringen kann,

- die Diskussionsteilnehmer aussprechen können und nicht ständig unterbrochen werden (legen Sie gegebenenfalls eine Rednerliste an, wenn sehr viele ungehaltene Diskussionsteilnehmer dabei sind, die andere stets unterbrechen oder unverhältnismäßig lange sprechen),

- Sie keine persönlichen Angriffe auf Diskussionsteilnehmer zulassen,

- die Diskussion nicht ins Stocken gerät, sich zu lange an einem Streitpunkt festhält oder sich im Kreis dreht,

- Sie vor lauter Organisation Ihre eigenen Argumente, Ideen und Vorschläge nicht vergessen, sondern sich auch in die eigentliche Diskussion einbringen.

Besser gemeinsam zum Ziel

Viele AC-Teilnehmer gehen davon aus, dass sie sich bei einer Gruppendiskussion am besten empfehlen, wenn sie sich erfolgreich gegen die anderen Bewerber durchsetzen und ihre eigenen Argumente auf jeden Fall stur vertreten oder durchboxen. Sie bedenken dabei allerdings nicht, dass es sich hierbei um eine Gruppenübung handelt und somit auch Ihre Teamfähigkeit getestet wird. Die Bewerber müssen beweisen, dass sie in der Lage sind, gemeinsam mit anderen etwas zu erarbeiten. Dabei kommt es in erster Linie nicht darauf an, die anderen Kandidaten auszuknocken oder eigene Ansichten anderen aufzuzwingen, sondern aus der Vielfalt der Meinungen das beste Resultat zu erzielen bzw. sich auf einen Standpunkt zu einigen. Ein Ergebnis zu erarbeiten, das alle akzeptieren können.

JEDE DISKUSSION MUSS EIN ERGEBNIS HABEN
Denken Sie daran, dass Sie in der Regel nur dann eine sehr gute Bewertung erhalten können, wenn am Ende auch ein Ergebnis erzielt wurde. Ohne Ergebnis ist eines der Ziele dieser Aufgabe nicht erreicht worden und zwar von keinem der Kandidaten.

Kriterien der Beobachter

Die Assessoren legen bei Gruppendiskussionen Wert auf die Art und Weise, wie sich die Bewerber in die Diskussion einbringen. Bedenken Sie, dass Diskussionsrunden dieser Art für die Beobachter eine Art Vorhersage dafür sind, wie sich die Kandidaten zukünftig im beruflichen Alltag verhalten werden (z. B. bei Besprechungen, Meetings und Konferenzen). Die Beobachter bewerten die Leistung eines Kandidaten nach folgenden Fragen und Kriterien:

- Wie erschließt der Kandidat das Thema?
- Welche Rolle nimmt der Bewerber in der Gruppe ein?
- Wie vertritt der Kandidat seine Meinung?
- Verfügt er über ein gutes sprachliches Ausdrucksvermögen?
- Wie bringt er seine Argumente ein?
- Wie versucht er, seine Argumente durchzusetzen?
- Wie bringt er sich in die Diskussion ein?
- Lässt er andere zu Wort kommen? Lässt er andere aussprechen oder unterbricht er sie ständig?
- Lässt er andere Meinungen zu? Ist er offen für andere Meinungen?

- Ist er in der Lage, seine eigene Meinung zu überdenken und gegebenenfalls sogar zu revidieren?
- Wie verhält sich der Kandidat bei Meinungsverschiedenheiten?
- Setzt er seine Meinung auf Biegen und Brechen durch? Wenn ja, wie?
- Versteht er es, die Diskussion zu stukturieren?
- Ist er in der Lage, die Diskussion zu leiten oder gar zu einem Ergebnis zu führen?

Themenwahl bei Gruppendiskussionen

In der Regel sind die Themen für die Gruppendiskussionen vorgegeben. Diese können im Prinzip aus allen Bereichen von Politik, Gesellschaft, Wirtschaft oder berufsspezifischen Sachgebieten stammen.

Die Themen haben meist einen aktuellen Bezug, nicht selten zum Unternehmen selbst, zur Branche oder dem Umfeld des Unternehmens. Die Fragestellungen und Inhalte sind meist allgemein gehalten, damit sich alle Bewerber aktiv an der Diskussion beteiligen können. Dennoch ist es ratsam, sich vor einem AC noch einmal die Nachrichtenlage zum Unternehmen und zum aktuellen Tagesgeschehen genauer zu betrachten. Ganz spezielle, fachliche Themen werden Sie nur bei homogenen Kandidatengruppen finden, etwa wenn sich nur Physiker, Juristen oder ausschließlich Mediziner um eine Stelle bewerben oder bewerben können.

Wenn die Gruppe das Thema wählen soll

Es kann aber auch vorkommen, dass die Diskussionsgruppe das Thema selbst wählen darf beziehungsweise muss. Entweder liegen dann ein paar Themenvorschläge auf dem Tisch und die Gruppe muss sich auf ein Thema einigen oder die Themenwahl steht der Runde gänzlich frei. In beiden Fällen sollten Sie bedenken, dass die Suche nach einem entsprechenden Thema ebenfalls schon Teil der Übung ist und von den Beobachtern bewertet wird. Hier steht vor allem Ihre Durchsetzungsfähigkeit aber auch Ihre Kooperationsfähigkeit auf dem Prüfstand. Bringen Sie sich also hier schon entsprechend ein, aber überhasten Sie die Entscheidungsfindung nicht. Sammeln Sie Vorschläge und notieren Sie diese nach Möglichkeit für alle sichtbar auf einer Tafel oder einem Flipchart. Die Suche nach einem Thema sollte nicht zu viel Zeit in Anspruch nehmen; Sie brauchen immerhin noch Zeit für die eigentliche Diskussion.

LASSEN SIE ÜBER DAS THEMA ABSTIMMEN

Wenn Sie merken, dass die Gruppe sich nur schwer einigen kann, verweisen Sie darauf, dass die Zeit knapp ist und die eigentliche Diskussion noch aussteht. Lassen Sie die Gruppe notfalls über ein Thema abstimmen.

Sie können sich im Vorfeld des ACs schon einmal eine Fragestellung überlegen, die unmittelbar mit der ausgeschriebenen Stelle zusammenhängt und diese in die Diskussion einbringen, wenn die Gruppe kein entsprechendes Thema findet oder sich nicht einigen kann. Kaum einer der Bewerber wird überzeugende Argumente gegen einen derartigen Vorschlag vorbringen können, ohne den Anschein zu erwecken, er sei für diese Stelle möglicherweise nicht geeignet oder habe auf die Fragestellung keine Antworten.

Auch während der eigentlichen Diskussion empfiehlt es sich, Ideen und Argumente für alle sichtbar zu notieren. So lässt sich die Diskussion besser strukturieren. Außerdem gehen keine Argumente verloren.

FORMULIEREN SIE KURZ UND TREFFEND

Formulieren Sie Ihre Argumente kurz und treffend und für alle Teilnehmer verständlich. Bilden Sie keine komplizierten Schachtelsätze. Denken Sie kurz nach, bevor Sie Ihre Argumente einbringen.

Üben Sie Gruppendiskussionen

Ideal ist es natürlich, wenn Sie sich konkret auf eine Gruppendiskussion vorbereiten, also mit Freunden oder Studienkollegen selbst Gruppendiskussionen durchführen.

Achten Sie darauf, dass die Gruppe nicht zu klein ist, es soll ja eine lebhafte Diskussion zustande kommen. Außerdem sollten Sie jemanden haben, der die Rolle des Beobachters übernimmt und sich entsprechend Notizen zu Ihren Leistungen macht.

 THEMEN FÜR IHRE ÜBUNGSDISKUSSIONEN

Thema 1: Ganztagsschulen in Deutschland. Ja oder nein?
Bitte diskutieren Sie Pro und Contra in Ihrer Gruppe und formulieren Sie eine gemeinsame Empfehlung. Bestimmen Sie einen Kandidaten, der Ihre Ergebnisse am Ende kurz vorstellt.
Sie haben für die Diskussion und Vorbereitung der Präsentation insgesamt 30 Minuten Zeit. Für die Präsentation stehen Ihnen max. 5 Minuten zur Verfügung.

Thema 2: Allgemeine Wehrpflicht, Berufsarmee oder Abschaffung der Bundeswehr? Wie sieht die Zukunft der Bundeswehr in Deutschland aus?
Bitte diskutieren Sie dieses Thema in Ihrer Gruppe und geben Sie am Ende eine gemeinsame Stellungnahme ab.
Sie haben für die Diskussion und Vorbereitung der Präsentation insgesamt 25 Minuten Zeit. Für die Präsentation stehen Ihnen max. 5 Minuten zur Verfügung.

Thema 3: China bietet mit über einer Milliarde Menschen immense Absatzmärkte. Allerdings drängt das Land selbst sehr aggressiv in den Welthandel. Welche Chancen und Gefahren hat diese Entwicklung Ihrer Meinung nach auf den deutschen Absatzmarkt?
Bitte diskutieren Sie das Thema in Ihrer Gruppe und bereiten Sie eine Präsentation Ihrer Ergebnisse vor. Wählen Sie vorab einen Moderator aus, der die Diskussion leiten wird.
Sie haben jeweils 40 Minuten Zeit.

Thema 4: Solar- oder Atomenergie? Welche Energieform wird sich durchsetzen und warum?
Bitte diskutieren Sie die Vor- und Nachteile sowie die Zukunftsaussichten beider Energieformen.

Thema 5: Outsourcing in der Politik – wo sind die Grenzen?
Diskutieren Sie das Thema in Ihrer Gruppe und erarbeiten Sie ein gemeinsames Statement. Für die Präsentation planen Sie bitte 10 Minuten ein.

Einen Beurteilungsbogen, den Sie hierfür nutzen können, finden Sie auf der beiliegenden CD-ROM, ebenso finden Sie dort weitere Übungsaufgaben für eine Gruppendiskussion.

Sammeln Sie Argumente für unterschiedliche Positionen

Sammeln Sie nicht nur Argumente für Ihren eigenen Standpunkt bzw. Ihre „Fraktion", sondern auch die für die Gegenseite. Damit zeigen Sie nicht nur, dass Sie sich in andere und deren Argumentation hineinversetzen können, Sie können damit auch die Diskussion „retten", wenn sich alle Teilnehmer argumentativ auf einer Seite befinden. Nehmen Sie aber nicht einfach die andere Position ein, sondern leiten Sie einen Positionswechsel eher wie folgt ein: „Wir sollten aber auch beachten, dass ... ein nicht zu verachtendes Argument ist."

Falls Sie zur Diskussion nichts beitragen können oder sich bei einem Thema nicht auskennen, schließen Sie sich einer Ihnen plausibel klingenden Meinung an, unterstützen Sie deren Argumentation. Ein „dieser Meinung schließe ich mich an. Ich finde auch, dass ..." ist immer noch besser als gar nichts zu sagen.

ACHTEN SIE AUF IHRE KÖRPERSPRACHE

Achten Sie auch im Eifer des Gefechts und der Hitze der Diskussion auf Ihre Körpersprache.

- Verschränken Sie Ihre Arme nicht,

- hängen Sie nicht versunken Ihren Gedanken nach,
- machen Sie einen wachen und interessierten Eindruck,
- achten Sie darauf, dass Ihr Tonfall und Ihre Ausstrahlung ruhig sind - das lässt Sie souverän erscheinen,
- vermeiden Sie wilde Gesten.

Diskussionsergebnis

Ihre Diskussionsrunde muss am Ende zu einem Ergebnis kommen. Achten Sie deshalb besonders auf die Zeit und darauf, dass die Runde stets auf ein gemeinsames Ziel hinarbeitet. Versuchen Sie der Diskussion eine Struktur zu geben. Fassen Sie gegebenenfalls Zwischenergebnisse immer wieder zusammen. Wenn sich gegen Ende der Diskussion kein Ergebnis abzeichnet, sollten Sie versuchen, entweder mittels einer Abstimmung zu einem Ergebnis zu kommen oder aber zumindest den Diskussionsstand zusammenzufassen, um wenigstens diesen als Ergebnis präsentieren zu können. Die Diskussion sollte nicht von den Beobachtern beendet werden und schon gar nicht ohne Resultat.

Irrelevante Argumente sollten Sie mit Zustimmung der anderen Teilnehmer aus der Diskussion verbannen. Das spart nicht nur Zeit, sondern zeigt auch, dass Sie die Diskussion leiten können und einen Blick für das Wesentliche haben.

Nach der Gruppendiskussion

Manche Beobachter führen nach der Gruppendiskussion Einzelgespräche mit den Kandidaten und befragen diese nach ihren Eindrücken. Dabei werden die Bewerber gebeten, eine so genannte Selbsteinschätzung abzugeben. Sprich, welchen Eindruck die Kandidaten von der eigenen Leistung haben. In manchen Fällen sollen sie zudem die anderen Diskussionsteilnehmer (Fremdeinschätzung) sowie den gesamten Diskussionsablauf bewerten. Wie Sie sich hierbei am besten schlagen, behandeln wir im Kapitel Selbst- und Fremdeinschätzung weiter hinten im Buch.

WORAUF SIE BEI GRUPPENDISKUSSIONEN ACHTEN SOLLTEN

Die Themenauswahl kann bereits Teil der Prüfungsaufgabe sein. ☐

Beobachter legen Wert darauf, wie Sie sich in die Diskussion einbringen. Übernehmen Sie gegebenenfalls die Rolle des Moderators. ☐

Nutzen Sie visuelle Hilfsmittel wie Wandtafel, Flipchart oder Overhead-Projektor. ☐

Achten Sie auf Ihre Körpersprache. Seien Sie aufgeschlossen, hören Sie den anderen zu. ☐

Beteiligen Sie sich aktiv an der Diskussion. ☐

Ein Diskussionsergebnis ist Pflicht. Fassen Sie gegebenenfalls den jeweiligen Stand der Diskussion kurz zusammen. ☐

Seien Sie bei einer Selbst- beziehungsweise Fremdeinschätzung nach der Diskussion möglichst objektiv. ☐

Üben Sie Gruppendiskussionen mit Freunden. Lassen Sie sich dabei mit dem Bewertungsbogen beurteilen. ☐

Präsentationen und Vorträge

WELCHE KOMPETENZEN BEOBACHTET WERDEN	CHECK
Kommunikationsfähigkeit	☐
Selbstständiges Arbeiten	☐
Strukturiertes Arbeiten	☐
Durchsetzungsvermögen	☐
Ausstrahlung, Ausdrucksverhalten	☐
Kombinationsfähigkeit	☐
Analytisches Denken	☐
Sprachliches Ausdrucksvermögen	☐
Teamarbeit	☐
U. U. fachliches Wissen	☐

Die meisten Assessment Center beinhalten mindestens eine Präsentationsaufgabe. Art und Inhalt können dabei sehr unterschiedlich sein und können, müssen aber nicht, im Zusammenhang mit der zu besetzenden Stelle stehen. Folgende Präsentationen können Ihnen beim Assessment Center begegnen:

- Selbstpräsentation
  Sie stellen sich im Kreis der Kandidaten und Beobachter vor. Im Vordergrund stehen Ihre berufliche Erfahrung, Ihre Ausbildung und Ihre Ziele. Grundlage Ihrer Ausführungen ist Ihr Lebenslauf.

- Verkaufspräsentation
  Sie sollen ein Produkt präsentieren und erfolgreich verkaufen

- Unternehmens- oder Branchenpräsentation
  Sie stellen ein Unternehmen oder eine Branche vor. Die grundlegenden Informationen hierfür werden Ihnen meistens zur Verfügung gestellt.

- Ergebnispräsentation
  Sie stellen, meist im Anschluss an eine Projekt-, Einzel- oder Gruppenarbeit, die erarbeiteten Ergebnisse vor.

- Themenorientierte Präsentation
  Das Thema der Präsentation kann aus unterschiedlichen Bereichen kommen. Es kann ein unternehmensbezogenes Thema, ein stellen- oder berufsfeldorientiertes Thema oder auch ein aktuelles Thema aus Politik, Wirtschaft oder Gesellschaft.

- Präsentation Ihrer Studienabschluss- oder Doktorarbeit
  Gelegentlich erhalten Sie vorab eine Aufgabenstellung, die Sie zu Hause vorbereiten und dann im Assessment Center präsentieren sollen.

Worauf achten die Beobachter?

Das Augenmerk der Beobachter liegt bei der Präsentationsaufgabe im Wesentlichen darauf, wie der Bewerber seinen Vortrag strukturiert hat, wie er ihn vorträgt, wie er dabei auftritt und welchen Eindruck er hinterlässt. Ausschlaggebend sind demnach:

- Ein strukturierter Aufbau des Vortrags: Hat sich der Bewerber Gedanken zum Thema und dessen Aufbereitung gemacht oder gibt er lediglich Fakten ohne Zusammenhang bzw. ohne erkennbare Struktur wieder? Kann er Informationen komprimiert darstellen?

- Das sprachliche Ausdrucksvermögen: Spricht er flüssig oder stockt er ständig und sucht nach den richtigen Worten? Erklärt er die Sachverhalte verständlich, etwa mit sprachlichen Bildern oder passenden Vergleichen? Kann er komplexe Sachverhalte verständlich darstellen und vermitteln?

- Der Auftritt des Kandidaten: Wie ist die Ausstrahlung des Kandidaten? Ist er nevös oder macht er einen selbstsicheren Eindruck? Was sagt seine Körpersprache? Ist er überzeugend?

- Das Verwenden von Hilfsmitteln: Nutzt der Bewerber technische Hilfsmittel, um die Inhalte des Vortrags zu visualisieren?

- Das Einhalten der Zeitvorgabe: Hat sich der Bewerber seine Zeit gut eingeteilt? Ist er vorzeitig fertig oder kommt er nicht zum Schluss?

- Die Reaktion auf Zwischen- und Verständnisfragen: Reagiert der Referent dabei nervös und genervt oder eher gelassen und souverän? Übernimmt er im Falle einer Diskussion die Moderatorenrolle?

- Das Ende des Vortrags: Meist ist das Ende einer Präsentation das, was den Zuhörern in Erinnerung bleibt und für die Bewertung ausschlaggebend ist, auch wenn sich die Beobachter während des gesamten Vortrags Notizen machen. Fassen Sie am Ende Ihrer Präsentation noch einmal alle wichtigen Punkte zusammen und greifen Sie die Ausgangsfrage oder Ausgangssituation noch einmal auf.

Der Auftritt des Kandidaten

Sicherlich gesteht man den Teilnehmern eines ACs eine gewisse Unsicherheit und Nervosität zu. Dennoch sollte der Bewerber in der Lage sein, mit dieser umzugehen. Vor allem bei Präsentationen kommt es darauf an, sich und seine Nervosität in den Griff zu bekommen und auf der Plattform einen überzeugenden und selbstsicheren Eindruck zu machen. Es geht hier um Ihre Ausstrahlung und um Ihre Überzeugungskraft. Sie können noch so schlagkräftige Argumente und Beispiele vorbringen, es nützt Ihnen nichts, wenn Sie diese nicht überzeugend darbieten können. Achten Sie daher auf Ihre Körpersprache. Versuchen Sie, sich vor der Präsentation noch einmal zu beruhigen und tief Luft zu holen. Stehen Sie aufrecht und mit offenen Armen auf der Bühne, aber stützen Sie Ihre Arme nicht aufs Rednerpult. Das sieht aus, als müssten Sie sich irgendwo festhalten. Versuchen Sie langsam und deutlich zu sprechen, dann kommen Sie nicht so schnell ins Stocken und haben mehr Zeit, darüber nachzudenken, was Sie als nächstes sagen wollen.

 HALTEN SIE BLICKKONTAKT UND LÄCHELN SIE

Suchen Sie während Ihrer Präsentation den Blickkontakt zu Ihren Zuhörern, vor allem zu den Beobachtern. Das lässt Sie sicher und souverän erscheinen. Starren Sie jedoch nicht einzelne Personen an, lassen Sie vielmehr den Blick immer wieder über die gesamte Zuhörerschaft gleiten.

Ein Lächeln oder Nicken Ihrerseits lockert die Atmosphäre und lässt Sie offen, freundlich und glaubwürdig erscheinen. Ein Lächeln entspannt nicht nur Ihre Gesichtsmuskeln sondern auch Ihre Stimmbänder.

Strukturierter Aufbau des Vortrags

Der strukturierte Aufbau einer Präsentation ist einer der wichtigsten Faktoren für einen gelungenen Vortrag. Ist der Aufbau eines Vortrags nicht durchdacht oder für den Zuhörer nicht nachvollziehbar, nützen Ihnen weder hervorragende inhaltliche Aussagen noch das beste sprachliche Ausdrucksvermögen oder das charmanteste Lächeln.

Sprachliches Ausdrucksvermögen

Eine weitere Komponente für eine erfolgreiche Präsentation ist die sprachliche Darbietung. Sie können einen Sachverhalt mit zahlreichen Fremd- und Fachwörtern spicken und einen Schachtelsatz nach dem anderen bauen. Die Folge wird allerdings sein, dass Ihnen kaum ein Zuhörer wird folgen können oder wollen. Das sollten Sie vermeiden. Ihre fachlichen Kompetenzen stehen hier nicht im Vordergrund. Jetzt geht es darum, ob Sie sich verständlich ausdrücken können und es verstehen, komplexe Sachverhalte klar darzustellen:

- Bilden Sie daher kurze, aussagekräftige und verständliche Sätze.

- Verwenden Sie aussagekräftige Schlagwörter, die Sie nicht weiter erklären müssen.

- Nutzen Sie die Kraft von anschaulichen Bildern oder Vergleichen. Das macht Ihren Vortrag nicht nur verständlicher sondern auch lebendiger. Zudem ersetzt ein Vergleich manchmal mühsame Erklärungen.

- Vermeiden Sie zu viele Fremdwörter oder Fachbegriffe bzw. verwenden Sie diese nur, wenn Sie davon ausgehen können, dass die Zuhörer diese auch kennen.

- Vermeiden Sie „Ähs" und dergleichen, denn diese lassen Sie nicht nur unsicher wirken, sie stellen auch Ihre Präsentationssicherheit in Frage. Machen Sie lieber öfter mal eine kurze Pause. Dabei können nicht nur Sie Ihre Gedanken sammeln und Ihren nächsten Satz andenken, auch die Zuhörer haben kurz Zeit, Ihre Aussagen zu reflektieren.

Visuelle und technische Hilfsmittel

Visuelle und technische Hilfsmittel sind eine feine Sache, etwa um komplexe Zusammenhänge darzustellen. Ihr Publikum kann Ihnen in diesen Fällen besser folgen und wird sich auch mehr von all dem merken können, was Sie präsentieren. Das gilt übrigens auch für die Beobachter, die in diesem Fall ja besonders wichtig sind.

Allerdings sollten Sie visuelle Hilfsmittel nicht um jeden Preis einsetzen. Wenn Sie keinerlei Erfahrung mit Overhead-Projektoren haben, sollten Sie nicht im AC damit anfangen, welche zu sammeln. Dann weichen Sie lieber auf eine Wandtafel oder ein Flipchart aus, wenn Ihnen diese zur Verfügung stehen. Achten Sie darauf, Ihre Präsentation nicht mit Schaubildern, Grafiken, Auflistungen oder Skizzen zu überfrachten.

Der Einsatz von visuellen Hilfsmitteln wird von den Assessoren in der Regel positiv eingeschätzt, allerdings sollte er auch angebracht sein. Überlegen Sie sich daher vorab, ob und wann es Sinn macht, diese zu nutzen. Ein gut eingesetztes Schaubild erleichtert Ihnen nicht nur die Erklärungsarbeit, es spart Ihnen in der Regel auch viel Zeit, die Ihnen dann für andere wichtige Argumente zur Verfügung steht. Wenn Ihnen unterschiedliche Farben zur Verfügung stehen, nutzen Sie diese. Doch Vorsicht: Das Schaubild sollte übersichtlich bleiben und nicht einfach nur bunt werden. Wenn Sie mit einer Wandtafel oder einem Flipchart arbeiten, achten Sie darauf, dass alle Zuhörer auch lesen können, was Sie aufschreiben. Schreiben Sie also groß genug und leserlich. Fragen Sie gegebenenfalls die Zuhörer in den letzten Reihen, ob Sie größer schreiben sollen.

Sie können die Hilfsmittel natürlich auch nutzen, um sich selbst eine kleine Hilfestellung zu geben. Wenn es sich anbietet, verfassen Sie eine kleine Agenda Ihres Vortrags, die Sie dann mit Hilfe des Overhead-Projektors an die Wand projizieren. So wissen nicht nur die Zuhörer immer genau, wo Sie sich in Ihrer Präsentation gerade befinden, sondern auch Sie selbst. Das kann vor allem dann sehr hilfreich sein, wenn Sie bei Präsentationen stets sehr aufgeregt sind und öfter mal den Faden verlieren.

Zeitvorgaben

Die Zeitvorgaben im AC sind keine Orientierungshilfen. Sie sind Vorgaben, an die Sie sich strikt halten sollten. Das gilt auch bei Präsentationen. Planen Sie Ihren Vortrag auf das vorgegebene Zeitlimit. Achten Sie darauf, dass Sie nicht überziehen, denn meistens werden Vorträge nach Ablauf der Zeitvorgabe abgebrochen, unabhängig davon, ob Sie Ihren Vortrag beendet haben oder nicht.

Wenn sich abzeichnet, dass Sie vor Ablauf der Zeit mit Ihrem Vortrag zu Ende sein werden, haben Sie die Möglichkeit, die restliche Zeit für Fragen aus der Zuhörerschaft zu nutzen. Warten Sie dann allerdings nicht passiv auf Reaktionen aus dem Publikum, sondern fordern Sie diese aktiv auf. Kommen eine Diskussion oder mehrere Fragen auf, so sollten Sie diese leiten beziehungsweise moderieren. Damit sammeln Sie nicht nur Punkte, Sie behalten auch noch den Überblick und gehen im Laufe der Diskussion nicht plötzlich unter.

Zwischen- und Verständnisfragen

Bei den meisten ACs obliegt das Fragerecht ausschließlich den Beobachtern. Das liegt in erster Linie daran, dass man anderen Bewerbern nicht die Möglichkeit geben möchte, den Referenten mit bestimmten oder provokanten Fragen in die Enge zu treiben und sie damit schlecht dastehen zu lassen.

Doch unabhängig davon, wer Fragen stellt, sollten Sie sich durch Zwischen- oder Verständnisfragen nicht aus der Ruhe bringen lassen. Sie haben durchaus das Recht, sich Ihre Antwort kurz zu überlegen. Zu lange sollte die Pause allerdings auch nicht sein.

Selbstpräsentation – so präsentieren Sie sich!

WELCHE KOMPETENZEN BEOBACHTET WERDEN	✓ CHECK
Kommunikationsfähigkeit	☐
Selbsteinschätzung, Selbstreflexion	☐
Selbstständiges Arbeiten	☐
Strukturiertes Arbeiten	☐
Ausstrahlung, Ausdrucksverhalten	☐
Kombinationsfähigkeit und Analytisches Denken	☐
Sprachliches Ausdrucksvermögen	☐

Viele Assessment Center beginnen mit einer so genannten Selbstpräsentation. Dabei stellen sich die einzelnen Bewerber im Kreis der übrigen Kandidaten den Beobachtern kurz oder auch etwas länger vor.

Im Zentrum Ihrer Präsentation stehen dabei Sie, Ihre Ausbildung, Ihre berufliche Erfahrung, Ihre Qualifikationen und warum Sie glauben, die passende Besetzung für die ausgeschriebene Stelle zu sein.

Die Macht des ersten Eindrucks

Diese erste Übung wird von vielen AC-Teilnehmern unterschätzt. Es handelt sich dabei nicht um eine lockere Einstimmung auf den Tag. Im Gegenteil. Es handelt sich um die erste Übung im Auswahlverfahren! Die Beobachter erhalten mit dieser Aufgabe einen ersten Eindruck von den Kandidaten. Ein erster Eindruck, der sich erfahrungsgemäß auch durch die weiteren Aufgaben und Beurteilungen ziehen wird. Wer sich hier überzeugend darstellt, wird bei den übrigen Aufgaben anhand dieser Grundlage bewertet und kann sich somit schon einmal einen Bonus erarbeiten.

Nutzen Sie deshalb die Chance, sich von den anderen Kandidaten qualitativ abzuheben und einen positiven Eindruck bei den Beobachtern zu hinterlassen, indem Sie sich auf diese Übung gut vorbereiten. Wer hier schon eine mittelprächtige oder schlechte Leistung abliefert, wird es im Verlauf des Assessment Centers schwerer haben, die Beobachter für sich zu gewinnen. Denn auch die Assessoren sind nicht frei von persönlichen und subjektiven Eindrücken.

Für diese Übung haben Sie in der Regel keine oder nur eine kurze Vorbereitungszeit von wenigen Minuten, von der Redezeit der übrigen Teilnehmer einmal abgesehen. Ihre Vorbereitung auf diese Übung sollte deshalb schon zu Hause stattfinden. Für die Präsentation stehen Ihnen zwischen einer und sieben oder acht Minuten zur Verfügung. Abhängig von der vorgegebenen Länge Ihrer Selbstpräsentation ist auch der Inhalt. Bei einer einminütigen Vorstellung gehen Sie nur kurz und knapp auf Ihre persönlichen Daten, Ihre Ausbildung und Ihre berufliche Erfahrung (derzeitiger Arbeitgeber, bei Studenten auf Studienschwerpunkte oder Praktika) ein. Je mehr Zeit Ihnen zur Verfügung steht, desto weiter können Sie ausholen und auf Ihre Erfahrungen und Qualifikationen eingehen.

HALTEN SIE SICH AN DIE ZEITVORGABEN

Auch wenn Sie Ihre Selbstpräsentation noch so gut vorbereitet haben und den Beobachtern gerne noch so viel über sich sagen möchten, halten Sie sich auf jeden Fall an die Zeitvorgabe, selbst wenn diese nur eine Minute oder gar nur 30 Sekunden beträgt!

Ihre Vorbereitung ist nicht umsonst, spätestens im persönlichen Interview werden Sie darauf zurückgreifen können.

Vorbereitung

Gehen Sie nicht davon aus, dass Sie aus dem Stand heraus eine gelungene Selbstdarstellung präsentieren können. Die Einstellung „Ich weiß doch, was ich kann" bringt Sie nicht weiter. Die Zeit während eines ACs ist knapp und eng bemessen. Die Stimmung zu Beginn ist meist sehr angespannt, die Kandidaten sind nervös. Das gilt für Berufseinsteiger wie Berufserfahrene. Schnell werden wichtige Erfahrungen vergessen oder man verfällt ins Detail.

Um eine überzeugende Selbstpräsentation halten zu können, müssen Sie zuerst ein paar Vorleistungen erbringen. Es macht allerdings keinen Sinn, den eigenen Lebenslauf chronologisch auszuformulieren und dieses Ergebnis dann auswendig vorzutragen. Hier zählt nicht Quantität sondern Qualität. Entsprechend müssen Sie die Schlüsselpositionen und -qualifikationen, die für die angestrebte Stelle ausschlaggebend oder interessant sind, aus Ihrem Lebenslauf herausfiltern und in die Präsentation einbauen. Es interessiert nicht, wo und wann Sie geboren wurden, welche Schule Sie wie lange besucht haben oder wie Ihre Eltern mit Vornamen heißen.

Anhand der folgenden Punkte und Fragen können Sie die Schlüsselpositionen und -qualifikationen Ihrer Selbstpräsentation erarbeiten.

DAS MÜSSEN SIE TUN:

Welche Qualifikationen sind für die Stelle relevant? Und was können Sie?

1. Ermitteln Sie die relevanten Qualifikationen, etwa anhand der Stellenausschreibung oder einer Aufgabenbeschreibung.
2. Listen Sie dazu Ihre Berufserfahrung aus Anstellungen, Projektarbeiten, Praktika, Studentenjobs etc. auf. Dabei zählen nicht die einzelnen Arbeitgeber oder Ihre wohlklingenden Titel sondern Arbeitsinhalte, Aufgaben und Verantwortungsbereiche.
3. Tragen Sie Ihre Soft Skills und Stärken zusammen. Wo und wie konnten Sie Ihre Soft Skills und Stärken bislang unter Beweis stellen?
4. Was haben Sie studiert und welche Fähigkeiten haben Sie während des Studiums erworben?
5. Welche relevanten Schwerpunkte haben Sie im Rahmen Ihres Studiums gewählt und warum?
6. Welche Ihrer aufgelisteten Erfahrungen sind für die angestrebte Stellung relevant, welche besonders aussagekräftig?
7. Warum sind gerade Sie die geeignete Person für diese Stelle?

Um Ihnen die Bestandsaufnahme Ihrer Qualifikationen, Fähigkeiten und Stärken zu erleichtern, haben wir hierzu eine Checkliste zusammengestellt.

WAS SIND IHRE QUALIFIKATIONEN, FÄHIGKEITEN UND STÄRKEN?

	ja	nein
Abschlüsse? (Schule, Lehre, Studium)	☐	☐
Berufserfahrung?	☐	☐
Fort- und Weiterbildung? (Seminare, VHS-Kurse)	☐	☐

Bundeswehr/Zivildienst? ☐ ☐

Praktika? ☐ ☐

Auslandsaufenthalte? ☐ ☐

Fremdsprachenkenntnisse? ☐ ☐

EDV-Kenntnisse

- Anwenderprogramme? (MS Office, Power Point etc.) ☐ ☐
- Entwicklung, Programmierung? (Java, HTML, etc.) ☐ ☐
- SAP? (Anwender/Entwickler) ☐ ☐
- Spezielle EDV-Kenntnisse? (Datenbanken, CAD) ☐ ☐

Soziales, politisches oder ehrenamtliches Engagement? (Kassenwart, Freiwillige Feuerwehr, Gemeinderat etc.) ☐ ☐

Lehrtätigkeiten? (Hiwi, Nachhilfe, VHS) ☐ ☐

Übungsleiter? (Uni, Jugendtrainer, Theatergruppe) ☐ ☐

Au Pair? ☐ ☐

Freiwilliges Soziales Jahr? ☐ ☐

Ferien- oder Nebenjobs? ☐ ☐

Hobbys und Interessen? ☐ ☐

Soft Skills?

- Analytische Fähigkeiten? ☐ ☐
- Ausdauer? ☐ ☐
- Belastbarkeit? ☐ ☐
- Delegationsfähigkeit? ☐ ☐
- Durchsetzungsvermögen? ☐ ☐
- Eigeninitiative? ☐ ☐
- Einfühlungsvermögen? ☐ ☐
- Einsatz- und Leistungsbereitschaft? ☐ ☐
- Entscheidungsstärke? ☐ ☐
- Fähigkeit zur Selbstkritik? ☐ ☐
- Führungspotenzial/Führungserfahrung? ☐ ☐
- Führungsverhalten? ☐ ☐
- Kombinationsfähigkeit? ☐ ☐
- Kommunikationsfähigkeit? ☐ ☐
- Kompromissfähigkeit? ☐ ☐
- Kooperationsfähigkeit? ☐ ☐
- Kreativität? ☐ ☐
- Kritikfähigkeit? ☐ ☐
- Logisches Denken? ☐ ☐
- Mitarbeitermotivation? ☐ ☐
- Mobilität? ☐ ☐
- Organisations- und Planungsfähigkeit? ☐ ☐
- Personalführung? ☐ ☐

- Problemlösungsfähigkeit? ☐ ☐
- Reflexionsfähigkeit? ☐ ☐
- Selbstorganisation? Zeitmanagement? ☐ ☐
- Selbstständiges Arbeiten? ☐ ☐
- Setzen von Prioritäten? ☐ ☐
- Strukturiertes Denken? ☐ ☐
- Teamfähigkeit? ☐ ☐
- Überzeugungskraft? ☐ ☐
- Unternehmerisches Denken? ☐ ☐
- Zielstrebigkeit, Zielorientiertheit? ☐ ☐

Inhalt, Struktur und Aufbau der Selbstpräsentation

Im Vordergrund Ihrer Präsentation stehen natürlich Sie und Ihre berufliche Erfahrungen beziehungsweise Ihre Ausbildung. Achten Sie beim Aufbau Ihrer Präsentation jedoch darauf, dass Sie nach Möglichkeit stets einen Bezug zu den Anforderungen der zu besetzenden Stelle herstellen können. Diesen Bezug müssen Sie nicht explizit erwähnen, aber er sollte offensichtlich sein. Für den Zuhörer sollte ein roter Faden in Ihrer Präsentation erkennbar sein. Dies gelingt Ihnen etwa, wenn Sie immer wieder einen Bezug zur ausgeschriebenen Stelle schaffen oder aber eine klare und zielgerichtete Linie in Ihrem Lebenslauf erkennen lassen. Eine willkürliche und unstrukturierte Aneinanderreihung von Qualifikationen wirkt nur wenig überzeugend, ganz egal, wie qualifizierend diese auch sein mögen.

Beginnen Sie nach einer kurzen persönlichen Vorstellung (Name, Alter und Zielsetzung) mit den beruflichen Tätigkeiten, die Ihre Qualifikation für die Stelle belegen und am besten untermauern. Diese sollten Sie deshalb auch ausführlich darstellen. Gehen Sie dabei auf spezielle Aufgaben und Bereiche ein, für die Sie zuständig beziehungsweise verantwortlich waren oder noch sind. Führen Sie Ihre Erfahrungen im Alltagsgeschäft an. Damit beweisen Sie, dass Sie den beruflichen Alltag meistern können. Diese Erfahrungen können Sie auch im Rahmen eines Praktikums oder als Werksstudent erworben haben. Achten Sie darauf, sich auf die wesentlichen Dinge zu konzentrieren und sich nicht in Details zu verlieren. Dadurch demonstrieren Sie, dass Sie Prioritäten setzen und Zusammenhänge herstellen können.

Achten Sie darauf, dass Sie Ihre Qualifikationen und Stärken nur beschreiben und belegen aber nicht selbst bewerten. Denn die Einschätzung Ihrer Fähigkeiten und Erfahrungen wollen die Beobachter in der Regel selbst übernehmen.

Berufseinsteiger

Berufseinsteiger können ebenfalls mit Ihrer Berufserfahrung, die sie bei Praktika oder Projektarbeiten gesammelt haben, in die Präsentation einsteigen. Sie müssen nicht mit dem Studium oder Ihrer Ausbildung an sich beginnen, aber dieser Einstieg ist meist der leichteste. Legen Sie den Schwerpunkt jedoch nicht auf Ihre Studienfachwahl (Ausbildungsbezeichnung) oder Ihre Pflichtfächer. Sie heben sich von den anderen vielmehr durch Ihre Wahlbereiche und Ausbildungsschwerpunkte ab. Konzentrieren Sie sich deshalb darauf, diese genauer herauszuarbeiten. Wichtig ist hier, dass Sie eine Brücke zwischen Ihrer Ausbildung und den Anforderungen der Anstellung bauen und Ihre Qualifikation somit belegen können. Ein weiterer Höhepunkt kann Ihre Diplom- oder Doktorarbeit sein, wenn sich das Thema einbinden lässt oder Sie im Rahmen von Forschungsarbeiten praktische Erfahrungen sammeln konnten.

Achten Sie jedoch darauf, dass Sie Ihrem Studium bzw. Ihrer Ausbildung nicht zu viel Raum geben. Die Beobachter sind eher an Ihren praktischen Erfahrungen interessiert als an Ihren Studienfächern. Wenn Sie den Schwerpunkt auf Ihre praktischen Erfahrungen, sprich Ihre freiwilligen Praktika legen, zeigen Sie zudem, dass Sie motiviert sind, über das übliche Maß der Ausbildung hinaus Zeit und Arbeit investiert haben und wissen, was Sie erreichen wollen. Je mehr Sie Ihre Erfahrungen mit der Stelle verknüpfen können, umso überzeugender wirken Sie.

Schlüsselwörter

Achten Sie bei der Ausarbeitung und Formulierung Ihrer Präsentation darauf, dass Sie möglichst aussagekräftige Schlüsselwörter einbauen, auf die die Beobachter reagieren und die sie im Gedächtnis behalten.

Um die richtigen Schlüsselbegriffe zu finden und zu verwenden, müssen Sie sich vorab mit den Aufgaben und Anforderungen der zu besetzenden Stelle, dem Berufsfeld oder der Branche allgemein auseinandersetzen. Hilfreich sind hierbei etwa die Stellenausschreibung sowie die Internetseite des Unternehmens oder der Organisation.

Wir haben hier ein paar Schlüsselbegriffe für vier Berufsfelder zusammengetragen. Diese Listen sind jedoch weder vollständig noch allgemein gültig sondern nur beispielhaft. Sie sollen Ihnen lediglich verdeutlichen, wie eine Liste mit Schlüsselwörtern aussehen kann.

Schlüsselwörter für das Berufsfeld Vertrieb

Verkaufsförderung	Produktpolitik
Vermarktung	Preispolitik
Vertriebscontrolling	Vertriebsprozesse
Preisgestaltung	Marketing

Schlüsselwörter für das Berufsfeld Beratung

Prozessanalyse	Organisationsentwicklung
Prozessoptimierung	Qualitätssicherung
Projektmanagement	Restrukturierung
Kostenmanagement	Kosten-Nutzen-Analyse
Projektkoordination	Outsourcing
Change Management	

Schlüsselwörter für das Berufsfeld Marketing

Branding	Marktanteile
Corporate Branding	Cross Selling, Up Selling
Imagepositionierung	Zielgruppenorientierung
Marktforschung	Strategische Marketingziele
Meinungsforschung	Marktsegmentierung

Schlüsselwörter für das Berufsfeld Controlling

Planungsunterlagen	Steuerung, Koordination
Ressourcen	Controllingprozesse
Budget, Account	Balances Scorecard
Zielkonformität	Shareholder Value
Kennzahlen	Operatives Controlling
Deckungsbeitrag	Corporate Finance
Forecasts	

Es nützt Ihnen natürlich nichts, Schlüsselbegriffe wie diese wahllos in Ihre Präsentation einzuarbeiten. Gleichen Sie Ihre auf der Grundlage der ausgeschriebenen Stelle erarbeitete Liste mit Schlüsselbegriffen mit Ihren eigenen Erfahrungen ab und bauen Sie die Trefferbegriffe in Ihre Präsentation ein, zum Beispiel:

- „Dort habe ich für eine Kundenumfrage die Fragestellungen für Cross und Up Selling sowie für die Marktsegmentierung erarbeitet."

- „Im Rahmen meines Praktikums habe ich an einer Kosten-Nutzen-Analyse mitgearbeitet. Ich konnte dabei Erfahrungen in den Bereichen Prozessanalyse und Prozessoptimierung sammeln."

Zusammenfassen

Prinzipiell bleiben den Zuhörern eines Vortrags der Beginn sowie der Schluss einer Präsentation am besten in Erinnerung. Deshalb sollten Sie die wichtigsten Informationen und interessantesten Fakten am Ende zusammenfassen, damit sich diese im Gedächtnis der Beobachter festsetzen. Das ist bei der Selbstpräsentation besonders wichtig, denn hier geht es in erster Linie darum, warum Sie glauben, für die Stelle die beste Besetzung zu sein.

Denken Sie daran, sich nach Ihrer Selbstpräsentation bei der Zuhörerschaft für deren Aufmerksamkeit zu bedanken. Das zeigt, dass Sie auch unter Stress ein freundlicher und höflicher Mensch sind. Mit Fragen der Zuhörer müssen Sie bei dieser Aufgabe nicht rechnen, wobei es den Beobachtern natürlich freisteht, die eine oder andere Frage zu stellen.

Länge der Selbstpräsentation

Auch für die Selbstpräsentation gilt: Richten Sie sich nach der Zeitvorgabe. Ist Ihre Präsentation zu kurz, suggeriert das, Sie hätten wenig zu bieten, würden sich selbst nicht kennen oder könnten sich nicht entsprechend verkaufen. Das Letztere wird in diesem Fall nur schwer von der Hand zu weisen sein. Finden Sie keinen Abschluss und versuchen Sie, das Zeitlimit zu überschreiten, werden Sie wahrscheinlich gnadenlos von den Beobachtern unterbrochen. Sie hinterlassen dann den Eindruck, Sie könnten sich nicht auf das Wesentliche konzentrieren. Hinzu kommt, dass Sie unter diesen Umständen wohl tatsächlich nicht all Ihre Stärken, Qualifikationen und Erfahrungen haben vorbringen können. Behalten Sie daher immer die Uhr im Auge.

Wir empfehlen Ihnen, mindestens zwei, besser drei Varianten Ihrer Selbstpräsentation vorzubereiten: eine einminütige, eine zwei- bis dreiminütige sowie eine fünf- bis sechsminütige Variante.

SEIEN SIE AUTHENTISCH

Jeder Kandidat möchte überzeugen. Dennoch sollten Sie sich treu und Sie selbst bleiben und unnatürliches Verhalten vermeiden, etwa einen affektierten Sprachgebrauch, übermäßige Gestiken oder dergleichen.

International ausgerichtete Unternehmen verlangen manchmal von den Kandidaten, die Selbstpräsentation in englischer Sprache abzuhalten. Es ist daher ratsam, in diesen Fällen auch eine englische Version der Präsentation vorbereitet zu haben.

Viele Bewerber machen den Fehler, Ihre Selbstpräsentation schriftlich vorzuformulieren und auswendig zu lernen. Davon sollten Sie Abstand halten. Merken Sie sich lediglich den Aufbau Ihrer Präsentation, gegebenenfalls anhand einiger Schlagwörter und tragen Sie Ihre Präsentation frei vor. Frei vorgetragene Präsentationen wirken im Gegensatz zu vorformulierten Sätzen authentischer und überzeugender. Schriftlich formulierte Texte stimmen meist nicht mit der Art und Weise des Sprachgebrauchs von mündlichen Vorträgen überein. Man würde Ihnen in der Regel also anhören, dass Sie einen auswendig gelernten Text vortragen!

 BEISPIEL EINER MISSLUNGENEN SELBSTPRÄSENTATION

Hallo zusammen,

ich bin Timo Klein. Ich bin 28 Jahre alt, habe zwei ältere Schwestern und komme aus Kaiserslautern. Ich bin leidenschaftlicher Rennfahrer und Schwimmer. Meine Hobbys musste ich in den letzten Monaten leider etwas vernachlässigen, denn ich habe für meine Prüfungen lernen müssen. Ich habe vor zwei Monaten mein BWL-Studium erfolgreich abgeschlossen und bin nun auf der Suche nach einer Anstellung. Aber deshalb sind wir ja alle hier! Stimmt's?

Ja, wie gesagt, ich habe neun Semester BWL studiert in Frankfurt am Main. Ich habe mich schon immer fürs Controlling interessiert. Deshalb habe ich auch im Studium meinen Schwerpunkt darauf ausgerichtet. Für meine Diplomarbeit habe ich mir deshalb auch ein Thema rund ums Controlling gesucht.

Um mich von der Masse der Bewerber abzuheben, habe ich in den Semesterferien einige Praktika gemacht. Etwa in München bei BMW. Es hat mir dort sehr gut gefallen. Die Aufgaben waren interessant und die Leute sehr nett und hilfsbereit. Die haben mich immer unterstützt.

Außerdem war ich bei der Hübbe GmbH im Taunus, einem mittelständischen Betrieb und bei der Commerzbank in Frankfurt. Ein Auslandssemester habe ich in den USA an der Universität in Houston absolviert. Anschließend habe ich noch ein Praktikum bei einer kleineren Unternehmensberatung in Houston gemacht. Wenn man schon mal da ist, oder? Na ja, deshalb ist mein Englisch inzwischen auch sehr gut, schriftlich wie mündlich. Verhandlungssicher sozusagen. Ich könnte mir also auch gut vorstellen, im Ausland zu arbeiten, da bin ich offen.

Aber jetzt schauen wir erst einmal, ob es heute hier mit der Stelle klappt.

Kritikpunkte

Machen Sie nicht den Fehler, die Selbstpräsentation mit einer lockeren Vorstellungsrunde bei einer Freizeitveranstaltung zu verwechseln. Hier geht es nicht darum, sich als lustigen und freizeittauglichen Kumpel zu empfehlen. Hier geht es um berufliche Qualifikationen und Fähigkeiten. Dabei scheint der Kandidat doch einige Erfahrungen gesammelt zu haben, mit denen er bei der Vorstellungsrunde hätte punkten können. Da er seine beruflichen Erfahrungen und Qualifikationen leider nur oberflächlich aufgezählt hat, bleiben viele Fragen offen, beispielsweise:

- Was hat ihn schon immer am Controlling interessiert?
- Wie lautete das Thema der Diplomarbeit? Außerdem hätte er auch ein bis zwei Sätze über den Inhalt seiner Arbeit sagen können.
- Was hat er bei der Hübbe GmbH beziehungsweise bei der Commerzbank gemacht?
- In welcher Abteilung hat er bei BMW ein Praktikum absolviert? Was hat er dort gemacht, was gelernt? Was fand er denn dort so interessant?
- Warum mussten ihn die Mitarbeiter unterstützen?
- War er etwa mit den ihm übertragenen Aufgaben überfordert?

Achten Sie darauf, dass Ihre Ausführungen Sie nicht in ein schlechtes Bild rücken. Wenn Sie etwa sagen, dass alle Mitarbeiter dort nett waren und Sie immer unterstützt haben, so kann der Eindruck entstehen, dass Sie diese Hilfe auch tatsächlich nötig hatten, da Sie alleine mit den Ihnen gestellten Aufgaben nicht zurechtkamen. Es wäre sicherlich besser und unverfänglicher gewesen, wenn der Bewerber stattdessen gesagt hätte: „Die Aufgaben waren interessant und die Leute nett. Ich habe dort sehr viel gelernt."

LASSEN SIE SCHWÄCHEN AUSSEN VOR

Auch wenn Sie die eine oder andere Schwäche in Ihrem Lebenslauf haben, streichen Sie diese aus Ihrer Selbstpräsentation. Niemand zwingt Sie, die Beobachter auf diese aufmerksam zu machen. Achten Sie vielmehr darauf, eine positive Grundatmosphäre zu schaffen. Sie werden wahrscheinlich im Interview noch ausreichend Gelegenheit bekommen, Ihre Schwächen und Lücken zu erklären.

 DIE VERBESSERTE SELBSTPRÄSENTATION VON TIMO KLEIN

Guten Morgen!

Mein Name ist Timo Klein, ich bin 28 Jahre alt und möchte mich heute für einen Platz im International Management Trainee Programm für den Bereich Controlling und Accounting empfehlen. Ich habe an der Universität Frankfurt Betriebswirtschaftslehre studiert und meinen Schwerpunkt dabei bereits auf den Bereich Controlling, Finanzen und Rechnungswesen gelegt.

Als Hiwi habe ich am Lehrstuhl von Professor Flüger zwei Jahre lang an den Forschungsarbeiten zum Thema Unternehmensbewertungen mitgearbeitet. Ich habe dabei hauptsächlich Unternehmensdaten zusammengetragen, dokumentiert und ausgewertet. Im Rahmen meiner Diplomarbeit habe ich mich mit dem Controlling in so genannten Non-Profit-Organisationen und den damit verbundenen Schwierigkeiten beschäftigt.

Erste praktische Erfahrungen im Bereich Controlling konnte ich bereits bei einigen Praktika sammeln. Bei den Bayerischen Motorenwerken in München etwa habe ich an einem Projekt zur Kostenoptimierung einer neuen Fahrzeugreihe mitgearbeitet. Ich habe das Team dabei vor allem bei der Analyse von Kalkulationen und Forecasts unterstützt. Die Aufgaben waren interessant, die Leute sehr nett und ich habe dort viel gelernt.

Das gilt auch für meine Erfahrungen als Praktikant bei der Hübbe GmbH, einem großen mittelständischen Unternehmen im Taunus. Dort habe ich an der Weiterentwicklung eines neuen Planungstools für die Bilanz- und Kostenstellenplanung mitgewirkt. Vor zwei Jahren durfte ich im Rahmen eines Praktikums bei der Commerzbank den Jahreswechsel im Controlling mit vorbereiten.

Ich spreche Französisch, etwas Italienisch und fließend Englisch. Das verdanke ich vor allem einem Auslandssemester an der Rice University in Houston, Texas. Auch dort habe ich meinen Schwerpunkt in den Bereich Controlling gelegt, etwa mit Kursen wie Corporate Finance oder Foundations of Accounting.

Im Anschluss und um auch einmal einen anderen Blickwinkel zu gewinnen, habe ich zwei Monate bei einer kleinen Unternehmensberatung in Houston in einem Projektteam mitgearbeitet. Ich war dort sowohl für die Dokumentation einer Migration zuständig als auch Ansprechpartner für den Kunden für Problemlösungen. Mir hat der Aufenthalt in den USA sehr gut gefallen und ich kann mir durchaus vorstellen, ein paar Jahre im Ausland zu arbeiten.

Abschließend lässt sich sagen, dass mir der Umgang mit Zahlen schon immer Spaß gemacht hat. Während meiner Praktika habe ich festgestellt, dass ich über gute analytische und konzeptionelle Fähigkeiten verfüge und mir das Arbeiten mit Zahlen und Daten auch im Alltagsgeschäft Freude bereitet.

Ich bedanke mich für Ihre Aufmerksamkeit.

Diese Version der Selbstpräsentation ist gelungen. Der Einstieg ist einfach aber überzeugend, der Kandidat unterstreicht hiermit die Ernsthaftigkeit seiner Bewerbung. Der Vortrag selbst ist gut strukturiert und beinhaltet aussagekräftige Informationen über den Kandidaten.

Steckbrief

Alternativ zur Selbstpräsentation wird in manchen Fällen von den Kandidaten auch ein handschriftlicher Steckbrief gefordert. Der hierfür zur Verfügung stehende Zeitrahmen beträgt in der Regel zwischen 10 und 15 Minuten. Die Kandidaten müssen dabei ihren Lebenslauf oder ihre Qualifikationen niederschreiben.

SCHREIBEN SIE LESERLICH

Handschriften mögen den Charakter widerspiegeln; Sie sollten beim Steckbrief jedoch darauf achten, dass die Beobachter nicht nur Ihren Charakter erkennen, sondern Ihre Notizen auch lesen können. Schreiben Sie deshalb in ausreichend großen Buchstaben und leserlich. Dies gilt nicht nur für Ihren Steckbrief, sondern für alle handschriftlichen Übungen, die Sie abgeben müssen, etwa für die Postkorbübung oder Aufsätze.

In der Regel genügt es, wenn Sie dies stichwortartig tun. Verschwenden Sie keine Zeit mit ausführlichen Formulierungen, es sei denn, die Aufgabenstellung verlangt dies ausdrücklich.

In manchen Fällen werden die Kandidaten gebeten, sich anhand ihres Steckbriefes den übrigen Bewerbern sowie den Beobachtern kurz vorzustellen.

 WORAUF SIE BEI DER SELBSTPRÄSENTATION ACHTEN SOLLTEN

Bereiten Sie die Selbstpräsentation bereits zu Hause sorgfältig vor, am besten zwei oder drei unterschiedlich lange Versionen. ☐

Erstellen Sie eine Liste mit Schlüsselwörtern für die ausgeschriebene Stelle, gleichen Sie die Liste mit Ihren Qualifikationen ab und bauen Sie die Trefferbegriffe in Ihre Präsentation ein. ☐

Bewerten Sie Ihre Fähigkeiten nicht, beschreiben und untermauern Sie diese stattdessen anhand von Beispielen. ☐

Achten Sie darauf, einen roten Faden in Ihrer Präsentation zu haben. ☐

Stellen Sie sich zu Beginn Ihrer Präsentation kurz vor, mit Namen, Alter und Ihrer Zielsetzung. ☐

Bilden Sie kurze, verständliche Sätze. ☐

Halten Sie das Zeitlimit im Auge.	☐
Fassen Sie am Ende die wichtigsten und interessantesten Punkte zusammen.	☐
Lernen Sie Ihre Selbstdarstellung nicht auswendig, merken Sie sich lieber ein paar Stichworte. Frei vorgetragene Präsentationen wirken authentischer und überzeugender.	☐
Bedanken Sie sich am Ende für die Aufmerksamkeit.	☐

Themen- und andere Präsentationen

Viele Themen für Präsentationen und Vorträge in Assessment Centern haben einen Bezug zum Berufsfeld der ausgewiesenen Stelle. Das kann etwa ein Blick in die Branche oder die Zukunft des Unternehmens oder gewisser Märkte sein. Möglich sind aber auch berufliche Qualifikationen oder politische, gesellschaftliche sowie soziale Themen. Der Vielfalt sind hier keinerlei Grenzen gesetzt. Wie bei den Gruppendiskussionen sind die Themen aber eher generell gehalten, damit alle Teilnehmer die Chance haben, mitzusprechen. Das gilt vor allem bei Berufsanfängern.

Vorbereitung zu Hause

Im Gegensatz zur Selbstpräsentation können Sie Themenpräsentationen nur bedingt vorbereiten, da Sie Themen und Inhalte in der Regel erst während das ACs erhalten. Das sollte Sie allerdings nicht davon abhalten, sich auch für diese Präsentation im Vorfeld fit zu machen.

Vorträge halten

Sie können sich branchen- oder berufsspezifische Themen suchen, diese inhaltlich aufbereiten und vor Freunden und Bekannten präsentieren. Dadurch gewinnen Sie vor allem Sicherheit. Sie werden flüssiger sprechen und Ihr Auftritt wird selbstbewusster sein. Scheuen Sie sich nicht davor, um konstruktives Feedback aus der Zuhörerschaft zu bitten.

 INFORMIEREN SIE SICH IN ZEITUNGEN UND IM INTERNET

Wichtig ist, sich vorab gut zu informieren. Das gelingt Ihnen am besten, wenn Sie während der Zeit vor dem AC intensiv Zeitungen und Zeitschriften lesen und dabei speziell auf das Unternehmen achten, bei dem Sie zu einem Assessment Center eingeladen worden sind. Informieren Sie sich aber auch über die Branche und ggf. auch über Konkurrenzunternehmen.

Empfehlenswert sind natürlich die Wirtschaftsteile der großen deutschen Tages- und Wirtschaftszeitungen, aber auch Wochenzeitungen wie der Spiegel sowie Fachzeitschriften. Einen Einblick in die wichtigsten Themen und Daten eines Unternehmens erhalten Sie auch auf dessen Internetseiten, im Geschäftsbericht, in Firmenbroschüren oder mittels Suchmaschinen im Internet. Dann sind Sie für allerlei Fragen gewappnet.

Themenbeispiele für Präsentationen und Vorträge

- Wie werden die zukünftigen Entwicklungen in der Lebensmittelindustrie/Pharmaindustrie derzeit eingeschätzt?
- Wo sehen Sie in unserer Branche Chancen, neue Märkte zu erschließen? Welche Risiken können damit verbunden sein?
- Wie bleibt man in unserer Branche markt- beziehungsweise konkurrenzfähig?
- Sollte die Wasserversorgung in Deutschland privatisiert beziehungsweise liberalisiert werden?
- Ist kreative Werbung erfolgreicher?
- Wie sieht die Zukunft der Tageszeitungen aus?

Beliebt sind auch allgemeine, berufsqualifizierende Fragen wie
- Woran erkennt man Führungsqualitäten? Was macht eine gute Führungskraft aus?
- Wie sieht Ihrer Meinung nach eine erfolgreiche Mitarbeitermotivaion aus?
- Wann schadet die Hierarchie der Teamfähigkeit?

PRÄSENTATIONEN VORBEREITEN

Wunderbar vorbereiten lässt sich die Vorstellung Ihrer Studienabschluss- oder Doktorarbeit. Vor allem Chemie- oder Pharmaspezialisten werden aufgefordert, Ihre Arbeiten vorzustellen. Das kann Ihnen aber auch als frischgebackener Wirtschaftswissenschaftler passieren.

Vorbereitungszeit und Dauer der Präsentation

Im Gegensatz zu vielen anderen Aufgaben haben Sie für Ihre Präsentation meist eine etwas längere Vorbereitungszeit. Freuen Sie sich nicht zu früh, denn auch diese fällt nicht allzu üppig aus. Rechnen Sie mit zehn bis 15 Minuten. Die Länge des Vortrags kann zwischen zehn und 20 Minuten variieren. Das hängt meist von der Anzahl der Bewerber bzw. der Teilnehmer des ACs ab. Je mehr Teilnehmer desto kürzer meist auch die Vortragszeit.

Fallen Vorbereitungszeit und Präsentationsdauer wesentlich kürzer aus, so kann es auch sein, dass man Sie einem zusätzlichen Druck aussetzen möchte. Auf dem Prüfstand steht dann die Belastbarkeit, die Stressresistenz beziehungsweise das Stressverhalten der Kandidaten. Um die Situation weiter zu verschärfen, stellen die Beobachter während oder nach der Präsentation kritische und provokante Fragen, die unter Umständen auch persönlich werden können. Wenn dies der Fall ist, atmen Sie tief durch und bleiben Sie auf jeden Fall ruhig. Reagieren Sie keinesfalls aggressiv, bleiben Sie sachlich. Die Angriffe können persönlich werden, aber Sie werden nicht wirklich angegriffen. Das müssen Sie sich verdeutlichen. Die Beobachter versuchen lediglich eine gereizte Atmosphäre zu schaffen und wollen Ihre Reaktionen testen und feststellen, ob Sie in einer derartigen Situation ruhig, gelassen und sachlich bleiben oder die Nerven verlieren.

Sie schneiden in solchen Situationen am besten ab, wenn Sie sich nicht in die Enge treiben lassen. Jetzt kommt es gar nicht mehr so sehr auf den Inhalt Ihrer Antworten an sondern auf Ihre Reaktionen.

Vorbereitung der Präsentation

Für die Vorbereitung Ihrer Präsentation erhalten Sie gegebenenfalls einige Informationsunterlagen. Diese können strukturiert und übersichtlich sein, sie sind es in der Regel allerdings nicht. Für Sie bedeutet das, dass Sie erst einmal Ordnung in das Chaos bringen müssen, um sich einen Überblick über die Informationslage und den Sachverhalt zu verschaffen. Nicht alle Informationen, die Sie erhalten, sind für die Bearbeitung und die Präsentation zwingend relevant. Wundern Sie sich also nicht, wenn Sie für die eine oder andere Unterlage keine Verwendung finden.

Nachdem Sie das Thema erfasst und die Unterlagen gesichtet und geordnet haben, nehmen Sie sich einen Augenblick Zeit, um Ihre Ideen und Gedanken zusammenzutragen, ein so genanntes Brainstorming also. Schreiben Sie ungeachtet der Wichtigkeit erst einmal alles auf, was Ihnen zum Thema einfällt. Behalten Sie dabei jedoch die Zeit im Auge. Setzen Sie sich gegebenenfalls ein Zeitlimit, damit Ihnen noch genügend Zeit für die restliche Vorbereitung übrig bleibt.

In der Regel haben Sie nicht genügend Zeit, alle Punkte oder Argumente in die Präsentation einzuarbeiten, die Ihnen eingefallen sind beziehungsweise die Sie in den Informationsunterlagen gefunden haben. Das bedeutet für Sie, dass Sie eine Auswahl treffen müssen. Suchen Sie sich die wichtigsten und griffigsten Argumente und Schlagwörter heraus. Wenn Sie Ihre Hausaufgaben gemacht haben, dann wissen Sie, mit welchen Schlagwörtern und Schlüsselbegriffen das Unternehmen selbst gerne arbeitet beziehungsweise welche in den Medien verwendet werden.

Handelt es sich bei der Präsentation um ein auf das Berufsfeld bezogenes Thema, dann sollten Sie bei der Ausrichtung des Vortrags daran denken, dass Sie während des Vortrags bereits in die Rolle eines Unternehmensvertreters schlüpfen sollten. Entsprechend sollte dann auch die Wahl Ihrer Argumente und Schlagwörter ausfallen. Ist das Unternehmen etwa gegen eine europaweit einheitliche Regelung in einem bestimmten Bereich, dann sollten Sie Ihre Präsentation auch dahingehend ausrichten. Allerdings müssen Sie auch die Gegenargumente in Ihren Vortrag einbauen und gegebenenfalls entkräften beziehungsweise abschwächen.

Aufbau und Struktur

Anhand Ihrer ausgewählten Schlagwörter bauen Sie nun Ihren Vortrag auf. Überlegen Sie, wie Ihre Grundtendenz lauten soll, Ihre so genannte Kernaussage.

Die Gliederung Ihres Vortrags selbst sollte klar und einfach sein. Entwickeln Sie einen so genannten Roten Faden. Das erleichtert Ihnen die Aufgabe, da Ihre Vorbereitungszeit knapp bemessen ist. Auch für die Zuhörer ist es einfacher, Ihrer Linie zu folgen. Gliedern Sie Ihren Vortrag in eine Einleitung, einen Hauptteil und einen Schluss. Wenn Sie derart klare Strukturen haben, ist es auch für Sie leichter, sich zurechtzufinden.

EINLEITUNG – HAUPTTEIL – SCHLUSS

Einleitung

Nennen Sie das Thema Ihres Vortrags. ☐

Stellen Sie das Thema in einen Zusammenhang und erklären Sie, warum es für die Zuhörer interessant beziehungsweise wichtig ist. ☐

Nennen Sie die Frage, um die es geht, zum Beispiel: „Wie kann das Zuliefererproblem gelöst werden? Welche Vorteile bringt die Akquirierung neuer Zulieferer? Welche Konsequenzen hat diese Vorgehensweise?" ☐

Hauptteil

Gehen Sie je nach Thema auf die Vorgeschichte ein, zeichnen Sie bisherige Entwicklungen auf oder skizzieren Sie die derzeitige Situation. ☐

Nennen Sie neue Tatsachen, Entwicklungen, Umstände etc. ☐

Betonen Sie gegebenenfalls die Notwendigkeit von Veränderungen. ☐

Stellen Sie dann Ihre Kernaussagen, Ihre Hauptargumentation, Ihren Vorschlag zur Lösung des Problems oder zur Verbesserung der Situation etc. vor. ☐

Zeichnen Sie gegebenenfalls die zukünftigen Erwartungen auf. ☐

Führen Sie gegebenenfalls Gegenargumente oder Bedenken an, entkräften Sie diese oder schwächen Sie sie ab. Erklären Sie, falls nötig, dass man diese Risiken in Kauf nehmen muss, da der generelle Nutzen die Nachteile aufwiege. ☐

Zeichnen Sie gegebenenfalls Alternativen auf. ☐

Schluss

Halten Sie den Schluss kurz. ☐

Fassen Sie Ihren Vortrag kurz zusammen. ☐

Beantworten Sie Ihre Ausgangsfrage. ☐

Erkundigen Sie sich, ob die Zuhörer noch Fragen haben. ☐

Ende der Präsentation

Das Ende eines Vortrags bleibt den Zuhörern meist am besten in Erinnerung. Deshalb sollten Sie darauf achten, dass dieser auch einen guten Eindruck hinterlässt. Am besten ist es, wenn Sie zum Schluss noch einmal eine kurze Zusammenfassung Ihrer Präsentation darbieten. Bedanken Sie sich danach kurz für die Aufmerksamkeit. Wenn keine Fragen aus der Zuhörerschaft kommen, verlassen Sie das Rednerpult. Achten Sie darauf, dass Sie aufrecht zu Ihrem Platz zurückgehen und nicht auf den Boden schauen.

Findet direkt im Anschluss an Ihre Präsentation eine Diskussion statt, sollten Sie diese moderieren und sich die aufkommenden Argumente merken. Denn auch am Ende der Diskussion sollten Sie diese kurz zusammenfassen.

STUMME RÜCKVERSICHERUNG

Der Blickkontakt zu den Assessoren ist wichtig. Wer ihnen jedoch immer wieder fragende Blicke zuwirft, um sich rückzuversichern, ob er sich gut schlägt, erweckt den Anschein, unsicher zu sein. Halten Sie dennoch Blickkontakt und starren Sie nicht auf Ihr Rednerpult, den Boden oder aus dem Fenster.

Auf der nächsten Seite finden Sie die Checkliste: Was Sie bei Präsentationen beachten müssen.

WAS SIE BEI PRÄSENTATIONEN BEACHTEN MÜSSEN

Beobachtungsschwerpunkte

Struktur des Vortrags ☐

sprachliches Ausdrucksvermögen ☐

Kommunikationsverhalten, Körpersprache ☐

Präsentations- und Vortragsvarianten

Selbstpräsentation und Verkaufspräsentation ☐

Unternehmens- und Branchenpräsentation ☐

Ergebnispräsentation ☐

Themenorientierte Präsentation ☐

Präsentation der Studienabschluss- oder Doktorarbeit ☐

Sind Schlüsselbegriffe im Vortrag enthalten? ☐

Halten Sie Blickkontakt zur Zuhörerschaft. ☐

Bedanken Sie sich am Ende für die Aufmerksamkeit. ☐

Übernehmen Sie die Moderatorenrolle, wenn im Anschluss an Ihre Präsentation eine Diskussion stattfindet. ☐

Rollenspiele

WELCHE KOMPETENZEN BEOBACHTET WERDEN	✓ CHECK
Kommunikationsfähigkeit	☐
Problemorientiertheit	☐
Ergebnisorientiertheit	☐
Problemlösungsfähigkeit	☐
Personal- und Mitarbeiterführung	☐
Führungsstil und -qualitäten	☐
Kompromissfähigkeit	☐
Einfühlungsvermögen, Menschenkenntnis	☐
Kooperationsfähigkeit	☐
Mitarbeitermotivation	☐

Rollenspiele haben in den meisten Assessment Centern inzwischen ihren festen Platz gefunden. Dahinter verbergen sich Simulationsübungen, in denen die Kandidaten in vorgegebene Rollen schlüpfen und Problemsituationen lösen sollen. In der Regel besteht ein Rollenspiel aus zwei Teilnehmern, mehrere Mitspieler sind zwar möglich aber eher die Ausnahme.

Folgende Rollenspiele werden häufig eingesetzt:

- Mitarbeitergespräche
- Kundengespräche: Verkaufs- oder Reklamationsgespräche
- Verhandlungsgespräche
- Diskussionsrunden

Mit Hilfe solcher Rollenspiele wollen die Arbeitgeber vor allem die kommunikativen Fähigkeiten der Bewerber testen, aber auch deren Einfühlungsvermögen, Fingerspitzengefühl sowie deren Geschick im Umgang mit Kollegen, Mitarbeitern oder Kunden in schwierigen Gesprächssituationen.

Hier stehen Ihre Fähigkeiten als Führungskraft auf dem Prüfstand. Sie müssen gemeinsam mit Ihrem Mitspieler eine sinnvolle, realisierbare und der Situation angemessene Lösung erarbeiten.

Viele Kandidaten begehen den Fehler, bei dieser Aufgabe Führungsqualitäten mit Durchsetzungsvermögen und Härte gleichzusetzen. Sie versuchen, ihre Ziele und Forderungen auf jeden Fall durchzusetzen. Dieser Weg bringt Sie allerdings nicht ans Ziel. Vielmehr legen die Beobachter Wert darauf, wie die Bewerber das Gespräch aufbauen und führen, ob sie auf ihr Gegenüber eingehen und zu einer sinnvollen Lösung kommen, die von beiden Seiten getragen wird. Ein verärgerter oder frustrierter Mitarbeiter, der Ihnen aus Mangel an angebotenen Alternativen und Lösungsvorschlägen das Blaue vom Himmel verspricht, um seine Ruhe zu haben, oder störrisch reagiert, bringt Sie bei der Lösung dieser Aufgabe nicht weiter. Ebenso wenig sollten Sie um des Friedens Willen auf alle Forderungen der Gegenseite eingehen.

 ERARBEITEN SIE SINNVOLLE LÖSUNGEN

Achten Sie darauf, dass die erarbeitete Lösung nicht nur realistisch und durchführbar ist. Sie sollte auch sinnvoll sein und dem Interesse des Unternehmens entsprechen oder zumindest nicht entgegenstehen.

Vorbereitung eines Rollenspiels

Die Kandidaten erhalten alle für das Rollenspiel notwendigen Informationen über die eigene Rolle (Name, Alter, berufliche Position etc.), eine Aufgabenbeschreibung (Skizzierung der Problemsituation) sowie Informationen über den Mitspieler.

Wenn man die Bewerber unter einen besondern Druck bringen möchte, sie in eine besondere Stresssituation versetzen möchte, dann verzichten die Beobachter auf eine Vorbereitungszeit. Sie werden dann direkt ins kalte Wasser geworfen. In der Regel dürfen Sie sich allerdings auf die Situation vorbereiten, etwa zwischen fünf und 15 Minuten – abhängig von der Aufgabenstellung und der Komplexität der Informationen. Nutzen Sie diese Zeit, um

- die dargestellte Situation zu erfassen,
- sich in die vorgegebene Rolle einzufinden,
- sich ein Ziel für den Ausgang des Gesprächs zu setzen,
- einen Lösungsansatz zu entwickeln,
- eine Linie zu erabeiten, wie Sie das Gespräch führen wollen und
- sich ein Zwischenziel zu setzen, falls das Gespräch Ihr angepeiltes Ziel nicht zulässt.

Das Rollenspiel selbst dauert meist nicht länger als zehn bis 20 Minuten. Achten Sie auch hier darauf, das Zeitlimit nicht zu überschreiten, da sonst die Aufgabe abgebrochen wird.

Ihr Gesprächspartner kann einer der anderen Bewerber sein, ist in den meisten Fällen aber einer der Beobachter. Gehen Sie daher nicht davon aus, dass er Ihnen die Aufgabe leicht machen wird. Er wurde darauf geschult, Ihnen ungeliebtes Paroli zu bieten. Lassen Sie sich auf diese Spielchen nicht ein. Versuchen Sie vielmehr, das Gespräch selbst zu führen und die Richtung zu bestimmen.

✓ DARAUF ACHTEN SIE BEI ROLLENSPIELEN

Rollenspiel allgemein

Ein Rollenspiel dauert zwischen 10 und 20 Minuten. ☐

Die Vorbereitungszeit ist meist kurz, manchmal müssen Sie auch ohne Vorbereitung auskommen. ☐

Ihre Mitspieler sind meist geschulte Beobachter. ☐

Mögliche Rollenspiele

Mitarbeitergespräche ☐

Kunden- bzw. Verhandlungsgespräche ☐

Diskussionsrunden ☐

Im Vordergrund stehen Ihre kommunikativen Fähigkeiten im Umgang mit Kollegen, Mitarbeitern, Kunden oder Geschäftspartnern in schwierigen Situationen. ☐

Achten Sie auf das Zeitlimit und darauf, dass ein Ergebnis, zumindest ein Zwischenergebnis erzielt wird. ☐

Mitarbeitergespräch

Bei einem Mitarbeitergespräch übernehmen Sie in der Regel die Rolle des Vorgesetzten, der sich mit einem Mitarbeiter auseinandersetzen soll. Dieser kommt beispielsweise häufig zu spät zur Arbeit, sorgt für Spannungen im Betriebsklima, liefert schlechte Arbeit ab, arbeitet zu langsam, soll in eine andere Abteilung versetzt werden oder Ähnliches. Sie müssen ihm nun die Problemsituation im gemeinsamen Gespräch verdeutlichen.

Ihr Mitspieler (wie gesagt, meist ein geschulter Beobachter) wird während des Gesprächs versuchen, sich herauszureden, anderen die Schuld für sein Fehlverhalten zu geben oder Sie in ein anderes Thema zu verwickeln. Seien Sie auf der Hut und lassen Sie sich nicht darauf ein. Sätze wie „Lenken Sie bitte nicht vom eigentlichen Thema ab", bringen Sie schnell wieder zum eigentlichen Problem. So zeigen Sie sich ergebnisorientiert. Wenn Ihr Mitarbeiter nachlässig arbeitet und falsche Ergebnisse liefert, dann muss Ihr Ziel sein, dass er sorgfältiger arbeitet und seine Ergebnisse stimmen. Es bringt Sie nicht weiter, wenn Sie sich lediglich als verständnisvollen Vorgesetzten präsentieren. Das Ergebnis des Mitarbeitergespräches sollte nicht sein, dass ein anderer Mitarbeiter die Arbeit erledigt oder Ergebnisse noch einmal überarbeitet, damit diese stimmen. Achten Sie also darauf, dass Sie nicht zu sanft erscheinen und zu sehr auf die Wünsche des Mitarbeiters eingehen. Das würde zwar zu einem harmonischen Gespräch und einem zufriedenen Mitarbeiter beitragen, Ihre Führungsqualitäten können Sie so allerdings nicht unter Beweis stellen.

Höflichkeitsregeln und Umgangsformen

Achten Sie während des Mitarbeitergesprächs auf ein paar Höflichkeitsregeln und Umgangsformen:

- Begrüßen Sie Ihren Mitarbeiter freundlich.
- Wenn Ihnen ein Schreibtisch zugewiesen wurde, stehen Sie auf, gehen Sie auf den Mitarbeiter zu und geben Sie ihm die Hand.

- Bieten Sie ihm einen Sitzplatz an und setzen Sie sich zu ihm. Achten Sie darauf, dass kein Tisch zwischen Ihnen und Ihrem Mitarbeiter ist, das würde eine Barriere und damit Distanz aufbauen.

Kommen Sie zum Punkt

Nachdem Sie Ihren Mitarbeiter freundlich begrüßt und sich nach seinem Befinden erkundigt haben, sollten sie darauf achten, das Gespräch auf das anstehende Problem und Ihr angestrebtes Ziel zu lenken. Damit unterstreichen Sie nicht nur die Ernsthaftigkeit des Problems sondern auch Ihre Entschlossenheit, die Angelegenheit anzugehen und zu klären. Plaudern Sie also nicht erst über das Wetter oder eine Sportveranstaltung vom Wochenende, um die Situation zu entspannen. Sie würden es Ihrem Gegenüber damit leicht machen, das Gespräch in eine andere Richtung zu lenken und damit vom eigentlichen Problem abzulenken. Konzentrieren Sie sich also auf das Wesentliche und verschwenden Sie keine Zeit für Nebensächlichkeiten.

NEHMEN SIE DAS BEFINDEN DES MITARBEITERS ERNST

Nehmen Sie die Frage nach dem Befinden des Mitarbeiters ernst, tun Sie diese nicht als rhetorische Frage ab. Sollte Ihnen der Mitarbeiter etwa zu Beginn (oder aber im Laufe) des Gesprächs mitteilen, es gehe ihm gesundheitlich oder aus anderen Gründen nicht gut, müssen Sie darauf natürlich eingehen und dieses ggf. in die Problemlösung einarbeiten bzw. beachten. Hören Sie Ihrem Gegenüber sorgfältig zu und nehmen Sie seine Probleme ernst. Sie könnten der Schlüssel des Problems oder der Zugang zu einer Lösung sein.

Achten Sie darauf, dass Sie das Problem klar und deutlich formulieren. Dadurch geben Sie Ihrem Gegenüber weniger Möglichkeiten abzulenken oder auszuweichen. Formulierungen folgender Art können Ihnen dabei nützlich sein:

- „Mir ist aufgefallen, dass Ihre Verkaufszahlen in den letzten Wochen stark gesunken sind. Ich habe Sie deshalb in den letzten beiden Tagen beobachtet und festgestellt, dass Sie ständig im Internet surfen."

- „Frau Meier, in den letzten Wochen haben sich zahlreiche Kunden bei mir beschwert, Sie seien am Telefon unfreundlich und mürrisch. Einige Kunden haben sogar angdroht, sich einen neuen Lieferanten zu suchen."

- „Herr Thomas, ich habe mir in den vergangenen Wochen Ihre Leistungen und die von Herrn Zimmermann genauer angeschaut. Ich bin zwar mit Ihrer Arbeit sehr zufirieden, dennoch habe ich beschlossen, Herrn Zimmermann die Betreuung des neuen Kunden anzuvertrauen. Er hat einfach den besseren Draht zum Geschäftsführer."

ACHTEN SIE AUF IHREN GUTEN TON

Sie sind in diesem Rollenspiel der Vorgesetzte. Dennoch oder gerade deshalb sollten Sie auf Ihren Ton achten. Sie sollen bestimmt agieren und reagieren, dabei aber nicht die Etikette vergessen. Versuchen Sie möglichst lange freundlich zu bleiben und bei Bedarf auch einen versöhnlichen Ton anzuschlagen sonst laufen Sie Gefahr, als verständnisloser und zu harter Vorgesetzter angesehen zu werden.

Formulieren Sie Kritik klar und deutlich

Formulieren Sie klar und deutlich, was Sie kritisieren. Konzentrieren Sie sich dabei auf die wesentlichen Punkte. Ihre Kritik sollte sachlich sein und nicht ins Persönliche abdriften. Das verletzt und veranlasst Ihr Gegenüber eher dazu, sich abzuschotten, als mit Ihnen an einer Lösung zu arbeiten. Und so kommen Sie nicht weiter. Vermeiden Sie daher Sätze wie:

- „Das ist eine schlampige Arbeit." Stattdessen sollten Sie klar machen, dass Sie mit der Arbeit nicht zufrieden sind und dies begründen. Etwa:

„Die Liste ist unvollständig, da fehlen noch die Daten der letzten Analyse! Bitte vervollständigen Sie das und arbeiten Sie das nächste Mal sorgfältiger."

- „Kriegen Sie denn gar nichts geregelt?" Sagen Sie Ihrem Mitarbeiter ganz konkret, was er vergessen oder falsch gemacht hat und zeigen Sie die Folgen auf. Etwa: „Die Einladungen für die Präsentation sind immer noch nicht an die Kunden rausgegangen. Das geht so nicht. Wenn wir die Kunden so spät einladen, werden viele wegen Terminüberschreitungen absagen. Das können wir uns nicht leisten. Bitte erledigen Sie das sofort und halten Sie sich das nächste Mal an die vorgegebenen Termine!"

Auch bei zu viel Kritik auf einmal wird Ihr Gegenüber zunehmend eine ablehnende Haltung einnehmen. Eine Lösung zu finden, die den Mitarbeiter motiviert, etwas zu verändern, wird dann immer schwieriger.

Beweisen Sie Kommunikationsfähigkeit

Hören Sie Ihrem Gegenüber aufmerksam zu, achten Sie auf seine Körpersprache wie Körperhaltung, Mimik, Gestik oder Tonfall der Stimme und reagieren Sie entsprechend. Sie selbst sollten eine offene Körperhaltung einnehmen. Verschränken Sie weder Arme noch Beine. Schauen Sie Ihren Mitspieler während des Gesprächs an und nicht auf den Boden oder auf die Beobachter. Sie sollten versuchen, ruhig zu bleiben. Aber wenn Sie etwas sehr ärgert, darf man das Ihrem Tonfall auch anmerken. Immerhin ist auch Ihr Gegenüber auf Ihre Signale angewiesen.

Versuchen Sie den Sachverhalt zu klären, indem Sie Ihrem Gegenüber Fragen stellen, etwa in dieser Art:

- Warum kommen Sie denn so oft zu spät?
- Warum wollen Sie nicht in der anderen Abteilung arbeiten?
- Warum gibt es Probleme mit den Kollegen?
- Warum kommen Sie Ihren Aufgaben nicht nach?

Nicht immer lässt sich ein Problem direkt lösen oder eine Situation entschärfen. Wenn Sie merken, dass Sie nicht wirklich weiterkommen, versuchen Sie kleinere Schritte zu gehen und Zwischenlösungen zu finden. Es ist besser, Sie haben am Ende der Übung zumindest eine vorläufige Lösung oder einen ersten kleinen Erfolg erzielt, statt vor der gleichen Situation zu stehen wie zu Beginn. Falls alle Stricke reißen, sollten Sie sich mit einer neuen Terminvereinbarung aus der Affäre ziehen. Dies könnte bei einem sturen oder widerwilligen Mitarbeiter wie folgt aussehen:

- Herr Tietger, so kommen wir nicht weiter. Ich schlage deshalb vor, dass wir uns nächste Woche wieder treffen. Bis dahin sollten Sie sich allerdings überlegen, wie wir das Problem lösen oder angehen können. Ansonsten sehe ich mich leider gezwungen, ..."

MITARBEITERGESPRÄCH ÜBER SINKENDE VERKAUFSZAHLEN

Aufgabenbeschreibung

Sie sind Vertriebsleiter einer kleinen Niederlassung in Köln. Bislang haben Sie und Ihr Verkaufs- und Beraterteam die Vorgaben der Muttergesellschaft erfüllen können. Anderen Niederlassungen erging es schlechter. Nach einem stetigen Rückgang der Verkaufszahlen wurden die ersten Niederlassungen geschlossen beziehungsweise Mitarbeiter entlassen.

Nun sind die Zahlen Ihres Mitarbeiters Herr Kühn drastisch gesunken. Bislang waren Sie mit seinen Leistungen äußerst zufrieden, haben ihn als zuverlässigen und gewissenhaften Mitarbeiter schätzen gelernt.

In den vergangenen beiden Tagen haben Sie ihn beobachtet und festgestellt, dass er während seiner Arbeitszeit privat im Internet surft. Den Mitarbeitern des Unternehmens ist das private Surfen im Internet jedoch untersagt, im Wiederholungsfall droht sogar eine Abmahnung.

Sie haben Herrn Kühn zu einem Gespräch in Ihr Büro gebeten, um mit ihm über seine schlechten Verkaufszahlen und seine Surfeskapaden zu sprechen.

Vorbereitungszeit: 2 Minuten

Dauer des Gesprächs: max. 10 Minuten

Lösungsvorschlag

Vorgesetzter: Guten Morgen, Herr Kühn. Wie geht es Ihnen?

Mitarbeiter: Guten Morgen, Herr Maurer. Danke der Nachfrage. Mir geht es soweit ganz gut.

Vorgesetzter: Das freut mich. Herr Kühn, kommen wir zum Grund unseres Treffens heute. Mir ist aufgefallen, dass Ihre Verkaufszahlen in den letzten Wochen stark gesunken sind und habe mich natürlich gefragt, woran das liegt? Haben Sie vielleicht eine Erklärung dafür?

Mitarbeiter: Na ja, die wirtschaftliche Lage ist ja nicht gerade die beste.

Vorgesetzter: Nun, die Zahlen Ihrer Kollegen sind nicht derart gesunken.

Mitarbeiter: Hm.

Vorgesetzter: Herr Kühn, ich habe Sie in den vergangenen Tagen beobachtet und festgestellt, dass Sie ständig privat im Internet surfen.

Mitarbeiter: Das stimmt nicht, dass muss ein Irrtum sein.

Vorgesetzter: Herr Kühn, ich habe Sie gesehen! Das waren keine beruflichen Seiten.

Mitarbeiter: Ja gut. Da bin ich aber nicht der einzige hier.

Vorgesetzter: Es geht hier nicht um Ihre Kollegen, Herr Kühn. Es sind Ihre Verkaufszahlen, die schlecht sind. Ich gehe davon aus, dass Sie in den letzten Wochen zu wenig Zeit für unsere Kunden hatten. Wir müssen unsere Quoten halten, ansonsten laufen wir Gefahr, dass unsere Niederlassung verkleinert wird und Mitarbeiter entlassen werden.

Mitarbeiter: Aber so viel habe ich ja gar nicht im Netz gesurft. Und die Zahlen der anderen sind auch nicht viel besser. Letzte Woche habe ich erst gehört, wie der Kämmerer ...

Vorgesetzter: Herr Kühn, ich unterbreche Sie nur ungern, aber es geht hier um Ihre Zahlen und um Ihre Zukunft in unserem Unternehmen. Warum surfen Sie denn überhaupt auf privaten Seiten von Ihrem Arbeitsplatz aus? Sie wissen doch, dass das in unserem Unternehmen nicht gestattet ist. Im Wiederholungsfall bin ich sogar gezwungen, Sie schriftlich abzumahnen. Soweit wollen wir es doch nicht kommen lassen, oder?

Mitarbeiter: Nein, natürlich nicht.

Vorgesetzter: Herr Kühn, ich bin das von Ihnen überhaupt nicht gewohnt, Sie sind sonst doch sehr zuverlässig und gewissenhaft.

Mitarbeiter schweigt.

Vorgesetzter: Herr Kühn, woran liegt es denn Ihrer Meinung nach, dass die Verkaufszahlen so gesunken sind?

Kurze Pause.

Mitarbeiter: Mein Sohn ist ernsthaft krank. Wir haben vor kurzem die Nachricht erhalten, dass die Medikamente nicht richtig anschlagen. Wir suchen jetzt nach alternativen Behandlungsmöglichkeiten. Zu Hause habe ich leider keinen Computer. Deshalb habe ich eben hier nachgeschaut.

Vorgesetzter: Ich kann verstehen, dass Sie besorgt sind und nach einer Behandlungsmethode für Ihren Sohn suchen. Sie und Ihre Familie haben mein volles Mitgefühl. Aber Ihre Arbeit darf darunter natürlich auch nicht leiden.

Mitarbeiter: Das weiß ich ja. Aber Sie müssen auch mich verstehen. Die Situation ist nicht leicht für uns. Wir kommen kaum zur Ruhe. Ich schlafe schlecht und kann mich nur schwer konzentrieren.

Vorgesetzter: Gut. So kommen wir aber nicht weiter. Was können wir tun, damit sich die Situation wieder verbessert?

Mitarbeiter: Ich weiß es auch nicht.

Vorgesetzter: Wie Sie wissen, ist es unseren Mitarbeitern ja nicht erlaubt, privat zu surfen und ich werde das während der Arbeitszeit und der Mittagspause auch nicht dulden. Aber in dieser Situation würde ich mich darauf einlassen, dass Sie nach Dienstschluss nach alternativen Behandlungsmethoden suchen können. Allerdings muss ich mich darauf verlassen, dass Sie sich während Ihrer Dienstzeit nur auf Ihre Arbeit konzentrieren und zu Hause etwas mehr ausspannen, auch wenn die Situation schwierig ist.

Mitarbeiter: Ich werde es versuchen.

Vorgesetzter: Nun, das reicht mir nicht. Ihre Verkaufszahlen müssen wieder steigen. Ich muss mich auf Sie verlassen.

Mitarbeiter: Hm.

Vorgesetzter: In spätestens zwei Wochen werde ich mir Ihre Verkaufszahlen noch einmal genau anschauen.

Mitarbeiter: Ja, gut.

Vorgesetzter: Sehr gut, Herr Kühn. Sie haben also grünes Licht von mir, nach Dienstschluss den Firmencomputer nutzen zu dürfen, um nach geeigneten Medikamenten oder Behandlungsmethoden für Ihren Sohn zu suchen. Dafür werden Sie sich zu Hause etwas mehr entspannen und sich hier voll und ganz auf Ihre Arbeit konzentrieren, damit die Verkaufszahlen wieder ihr Soll erreichen.

Mitarbeiter: Genau.

Vorgesetzter: Die besten Genesungswünsche für Ihren Sohn. Wenn ich noch etwas für Sie tun kann, melden Sie sich bei mir.

Mitarbeiter: Danke schön und auf Wiedersehen, Herr Maurer.

Vorgesetzter: Auf Wiedersehen, Herr Kühn.

Übungen für das Mitarbeitergespräch

Die folgenden Übungen können Sie mit Freunden oder Bekannten trainieren. Am effektivsten ist es, wenn Sie zusätzlich einen Beobachter abstellen, der sich Notizen über Ihr Verhalten und Ihre Argumentationsweise macht. So erhalten Sie Feedback, auf das Sie aufbauen können.

Hierfür können Sie die Bewertungsbögen für Beobachter nutzen, die Sie auf der beiliegenden CD-ROM finden. Auch die Anweisungen für das Rollenspiel finden Sie auf der CD-ROM. Sie können sie ausdrucken und die Aufgabenbeschreibung an die Rollenspielteilnehmer verteilen.

Mitarbeitergespräch

Übung 1

ANWEISUNG FÜR DEN ERSTEN ROLLENSPIELER

Sie sind Thomas Schneider, 38 Jahre alt und seit nunmehr über drei Jahren Leiter des Bereichs Einkauf in einem Metallverarbeitungsunternehmen. Ihnen unterstehen sechs Mitarbeiter. Insgesamt ist das Arbeitsklima freundlich aber nicht freundschaftlich. Zu allen Mitarbeitern haben Sie ein gutes Verhältnis, unterhalten aber keinerlei private Kontakte mit Ihren Mitarbeitern außerhalb der Firma.

ANLASS FÜR DAS HEUTIGE GESPRÄCH

Eine Ihrer Mitarbeiterinnen, Katja Wallmann, hat vor einem Jahr ein Kind bekommen und ist vor sechs Monaten wieder an ihren Arbeitsplatz zurückgekehrt. Sie waren mit ihrer Arbeit immer sehr zufrieden und deshalb auch sehr froh, dass sie sich dazu entschlossen hat, wieder in Ihrer Abteilung zu arbeiten. Anfangs hatte sich auch alles gut angelassen. Doch seit ein paar Wochen ist sie nicht mehr belastbar, verlässt früh den Arbeitsplatz und verspätet sich ständig. Zudem ist sie unkonzentriert und ihr unterlaufen vermehrt Fehler. Inzwischen wirkt sich das auch auf Ihre Abteilung als Ganzes aus, da die anderen Mitarbeiter zunehmend Aufgaben von Frau Wallmann übernehmen müssen.

Um die Sachlage zu klären haben Sie Frau Wallmann zu einem persönlichen Gespräch in Ihr Büro gebeten.

ANWEISUNG FÜR DEN ZWEITEN ROLLENSPIELER

Sie sind Katja Wallmann und arbeiten seit drei Jahren für ein Metallverarbeitungsunternehmen. Mit fünf anderen Mitarbeitern sind Sie für den Bereich Einkauf zuständig. Sie unterstehen direkt dem Abteilungsleiter Thomas Schneider. Vor gut einem Jahr haben Sie eine Tochter zur Welt gebracht, seit etwa sechs Monaten arbeiten Sie wieder an Ihrem alten Arbeitsplatz. Prinzipiell haben Sie ein gutes, wenn auch nicht freundschaftliches Verhältnis zu Ihrem Vorgesetzten.

Die ersten Monate nach Ihrem Schwangerschaftsurlaub verliefen gut. Die Betreuung Ihrer Tochter durch eine Tagesmutter hatte sich bewährt. Doch seit ein paar Wochen häufen sich die Probleme mit der Tagesmutter, die Ihnen immer öfter kurzfristig aus Krankheitsgründen absagt. Es gelingt Ihnen zwar immer wieder, Ihre Mutter, Schwiegermutter oder eine Freundin einzuspannen, dennoch leidet Ihre Arbeit darunter. Anfangs hatten Ihre Kollegen die Situation mitgetragen und so manche Ihrer Aufgaben übernommen, doch die Geduld der Kollegen scheint am Ende.

Inzwischen hat wohl auch Ihr Chef die angespannte Situation bemerkt, denn er hat Sie zu einem persönlichen Gespräch in sein Büro gebeten.

VORBEREITUNGSZEIT UND GESPRÄCHSDAUER

Sie haben keine Vorbereitungszeit.
Dauer des Gesprächs: max. 12 Minuten

Übung 2

360-GRAD-FEEDBACK

Sie haben in einem sogenannten 360-Grad-Feedback in Teilbereichen eine schlechte Beurteilung von Ihren Mitarbeitern erhalten. Konkrete Kritik gab es dabei in den Bereichen Einfühlungsvermögen und Konfliktlösungsfähigkeiten.

Sie suchen nun das Gespräch mit den Mitarbeitern. Im Vorfeld haben Sie sich schon einige Gedanken gemacht, wie das Arbeitsklima verbessert werden kann. Sie wollen nun die Sicht der Mitarbeiter kennenlernen.

VORBEREITUNGSZEIT UND GESPRÄCHSDAUER

Vorbereitungszeit: 15 Minuten
Dauer des Gesprächs: 30 Minuten

Übung 3

ABMAHNUNG

Einer Ihrer Mitarbeiter ist überaus unzuverlässig. Zahlreiche Kunden haben sich bereits über ihn beschwert. Nun ist Ihnen durch sein Versagen auch noch ein großer Kundenauftrag verloren gegangen. Eine letzte Abmahnung steht an.

Machen Sie Ihrem Mitarbeiter klar, dass sich das Unternehmen beim nächsten Fehlverhalte unwiderruflich von ihm trennen wird.

VORBEREITUNGSZEIT UND GESPRÄCHSDAUER

Vorbereitungszeit: 5 Minuten
Dauer des Gesprächs: max. 15 Minuten

Weitere Übungsbeispiele für Mitarbeitergespräche finden Sie auf der beigefügten CD-ROM.

WORAUF SIE BEI ROLLENSPIELEN ACHTEN MÜSSEN ✓ CHECK

	Bemerkungen:
Lassen Sie sich nicht vom eigentlichen Thema ablenken, handeln Sie ergebnisorientiert.	
Seien Sie bestimmt aber dennoch höflich und achten Sie auf Umgangsformen.	
Konzentrieren Sie sich auf das zu lösende Problem sowie auf Ihr angestrebtes Ziel. Gehen Sie aber dennoch auf Ihr Gegenüber ein.	

Formulieren Sie Kritik sachlich, werden Sie nicht unsachlich, persönlich oder verletzend.

Versuchen Sie, mit Fragen den Sachverhalt zu klären.

Weisen Sie uneinsichtige Mitarbeiter gegebenenfalls auf die Konsequenzen ihres Handelns hin.

Erarbeiten Sie nach Möglichkeit gemeinsam eine Lösung.

Fassen Sie am Ende der Übung das Erreichte noch einmal zusammen.

Kunden- bzw. Verhandlungsgespräch

Kundengespräche werden Ihnen im Assessment Center nicht nur dann begegnen, wenn Sie sich um eine Stelle im Vertriebswesen bewerben. Sicherlich kann man mit Kundengesprächen testen, ob Sie über ein gewisses Verkaufstalent und entsprechende kommunikative Qualitäten verfügen. Verkaufsgespräche eignen sich allerdings auch hervorragend, um zu sehen, ob Sie in kritischen Gesprächssituationen überzeugen können. Im Gegensatz zum Mitarbeitergespräch, in dem die Abhängigkeiten und Hierarchiestrukturen klar definiert sind, hat der Kunde jederzeit die Möglichkeit, „Nein danke, so nicht!" zu sagen. Es ist daher Ihre Aufgabe, das Gespräch zu führen und den Ball im Spiel zu halten.

Beim Kundengespräch ist es deshalb noch wichtiger, auf das Gegenüber und seine Reaktionen zu achten. Einen Mitarbeiter können Sie leichter wieder ins Gespräch holen: Sie bestellen ihn einfach zu einem neuen Termin in Ihr Büro. Aber holen Sie mal einen Kunden zurück, der Sie verärgert verlassen hat und auf dem Weg zur Konkurrenz ist!

In der Regel begegnen Ihnen im AC zwei Arten von Kundengesprächen: das Verkaufs- und das Reklamationsgespräch. Auch hier wird der Kunde in der Regel von einem geschulten Beobachter gespielt, der meist eine Vielfalt von Gründen parat hat, warum er vom Produkt noch nicht überzeugt (Verkaufsgespräch) beziehungsweise überaus enttäuscht ist (Reklamationsgespräch). Sie müssen dabei beweisen, dass Sie auf die Argumente anderer eingehen, diese bedienen oder sie entschärfen können. Konkret bedeutet das, die Bedenken eines zögerlichen Kunden ausräumen oder einen aufgebrachten Kunden beruhigen und zufrieden stellen zu können. Doch wie ist das zu bewerkstelligen?

Das oberste Gebot lautet: Hören Sie Ihrem Gegenüber genau zu. Es nützt Ihnen nichts, wenn Sie die technischen Randdaten eines Gerätes anpreisen, der Kunde aber gar nicht weiß, was er mit dem Produkt anfangen soll. Sie müssen vielmehr auf die Bedürfnisse und die Argumente des Kunden eingehen. Am effektivsten ist das, wenn Sie die Einwände oder Fragen des Kunden erst einmal wiederholen und seine Zweifel dann entkräften. Dann fühlt er sich verstanden und ernst genommen.

AUFGABENBESCHREIBUNG „NEUKUNDENACQUISE"

Sie sind im Vertrieb einer Firma angestellt, die Kartonagen und Verpackungsmaterial jeglicher Art herstellt.

Ihre Aufgabe ist es, neue Kunden zu gewinnen. Allerdings sollen Sie dabei die Kunden der Konkurrenz für sich gewinnen. Auf Ihrem Arbeitsplan steht heute ein mittelständisches Unternehmen, das Keramikwaren herstellt und verkauft. Ihr Gesprächspartner ist der Leiter der Einkaufsabteilung.

Wie gehen Sie vor?

Vorbereitungszeit: 3 Minuten

Dauer des Gesprächs: maximal 15 Minuten

Lösungsvorschlag

Verkäufer: Guten Tag, Herr Walther. Danke, dass Sie mir einen Termin eingeräumt haben und sich Zeit für mich nehmen.

Kunde: Guten Tag, Herr Gärtner, das mache ich doch gerne. Worum geht es denn?

Verkäufer: Wie Sie sicherlich wissen, komme ich von der Firma Gutverpackt. Ich möchte Sie gerne von unserem Produkt überzeugen.

Kunde: Da muss ich Sie leider enttäuschen, wir haben bereits einen Lieferanten für Verpackungsmaterial.

Verkäufer: Ja, das habe ich mir schon gedacht, Herr Walther. Sind Sie denn mit Ihrem Lieferanten zufrieden oder drückt irgendwo der Schuh? Vielleicht etwas, das wir besser machen können.

Kunde: Nein, ich bin eigentlich sehr zufrieden.

Verkäufer: Eigentlich zufrieden? Wie sieht es denn aus, deckt er alle Bereiche ab, die Sie benötigen?

Kunde: Ja, wir kommen gut zurecht. Er hat alles im Sortiment, was wir brauchen.

Verkäufer: Gut! Sind Sie denn mit der Qualität der Produkte zufrieden?

Kunde: Auch da kann ich mich nicht beklagen. Einwandfreie Ware.

Verkäufer: Verstehe. Und wie sieht es mit den Lieferzeiten aus?

Kunde: Auch gut. Aber wir bestellen sowieso immer in größeren Mengen, so sparen wir einiges durch den Mengenrabatt.

Verkäufer: Wie oft werden Sie denn dann beliefert?

Kunde: Na ja, alle drei Monate.

Verkäufer: Oh. Da müssen Sie aber einiges an Lagerkapazitäten haben. So groß habe ich das Gelände hier gar nicht eingeschätzt.

Kunde: Na ja, den Platz könnten wir schon anderweitig verwenden, es ist schon eng. Aber der Rabatt ist auch nicht zu verachten.

Verkäufer: Nun, wir haben hier im Umkreis ja ein paar Kunden, da ließe sich sicherlich an den Lieferkosten etwas machen. Wir fahren hier mehrmals im Monat hin. Da lassen sich die Lieferkosten minimieren, wenn wir einige Lieferungen zusammenlegen. Schließlich wollen wir ja mit unseren Produkten Geld verdienen und nicht mit der Lieferung.

Kunde: Ja, schon. Aber wie sieht es denn mit dem Rabatt aus? Ich bin schon einige Jahre bei Sicherverpackt Kunde und habe dementsprechend gute Konditionen.

Verkäufer: Das verstehe ich. Ich kenne die Preise von Sicherverpackt ganz gut. Ich kann Ihnen aber Folgendes anbieten: Wir fassen Ihre Bestellungen für drei oder sechs Monate zusammen und Sie erhalten unseren entsprechenden Rabatt. Dann kommen Sie fast auf den gleichen Preis.

Kunde: Hm. Ich weiß nicht.

Verkäufer: Vergessen Sie die Vorteile nicht, Herr Walther. Abgesehen davon, dass Sie erhebliche Lagerkosten einsparen, weil Sie den Platz jetzt besser nutzen können, sind Sie auch flexibler.

Kunde: Na ja, ich weiß nicht.

Verkäufer: Überlegen Sie mal, Herr Walther. Sie können kurzfristig ordern und wir liefern Ihnen die Ware zuverlässig. Wir könnten Sie einmal im Monat beliefern, und zu besonderen Stoßzeiten wie etwa zu Weihnachten, Ostern oder zum Muttertag auch zwischendrin.

Kunde: Das hört sich eigentlich ja schon gut und vernünftig an.

Verkäufer: Glauben Sie mir, Herr Walther, das ist gut und vernünftig. Denken Sie an die Lagerkosten und Ihre Flexibilität. Und Ihren Rabatt bekommen Sie obendrein ja auch noch. Da kommen wir doch ins Geschäft, Herr Walther.

Kunde: Ja, Sie haben Recht. Da kommen wir ins Geschäft.

Übungen

Die nachfolgenden Übungen können Sie mit Freunden oder Bekannten trainieren, wiederum am besten mit einem zusätzlichen Beobachter, der sich Notizen über Ihr Verhalten und Ihre Argumentationsweise macht. Mithilfe des Feedbacks, das Sie erhalten, können Sie sich verbessern. Nutzen Sie hierfür unsere Bewertungsbögen. Die Bewertungsbögen finden Sie auf der beiliegenden CD-ROM.

ÜBUNG 1: VERKAUFSGESPRÄCH – DAMENSTRUMPFHOSE

Sie sind Handelsvertreter für Damenstrumpfhosen. Ihr neustes Produkt ist eine Einwegstrumpfhose, die mit einer sanften Bräunungscreme ausgestattet ist. Heute stellen Sie das revolutionäre Produkt einem Einkäufer einer Drogeriekette vor.

Ihr Ziel: Ihr Produkt soll ins Sortiment der Drogeriekette aufgenommen und vor allem prominent platziert werden. – Wie gehen Sie vor?

Vorbereitungszeit: 5 Minuten
Dauer des Gesprächs: max. 10 Minuten

ÜBUNG 2: VERKAUFSGESPRÄCH – DRUCKER UND KOPIERER

Sie verkaufen und vermieten Drucker und Kopierer an kleinere Kunden wie Rechtanwaltskanzleien, Marketing-Agenturen oder Arztpraxen. Dabei beliefern Sie Ihre Kunden zudem mit Tonerkartuschen, Kopierpapier und allerlei Büroartikel. Seit einer Woche umwirbt nun ein Billiganbieter mit aggressiven Angeboten Ihre Kunden. Ein Kunde nach dem anderen ruft nun bei Ihnen an und droht seine Kündigung an.

Versuchen Sie nun, mit überzeugenden Argumenten und besonderen Serviceangeboten Ihre Kunden am Telefon zurückzugewinnen.

Vorbereitungszeit: 5 Minuten
Dauer des Telefonats: 10 Minuten

ÜBUNG 3: REKLAMATIONSGESPRÄCH – FENSTER

Sie sind Vertriebsleiter einer Fensterbaufirma. In den letzten Wochen sind vermehrt Beschwerden über mangelhafte Qualität der Fenster und verspätete Lieferzeiten bei Ihnen eingegangen. Nun hat auch einer Ihrer besten Kunden, ein Bauträger, angekündigt, sich einen anderen Lieferanten zu suchen. Für heute haben Sie einen Termin mit einem Vertreter des Bauträgers.

Kunden- bzw. Verhandlungsgespräch

Ihr Ziel ist es, die Situation zu klären und den Bauträger als Kunden zu halten.

Vorbereitungszeit: 5 Minuten
Gesprächsdauer: max. 10 Minuten

ÜBUNG 4: REKLAMATIONSGESPRÄCH – DESIGNER-KLEID

Sie sind Geschäftsführerin eines Modehauses in der Frankfurter Innenstadt. Es ist Anfang Januar und Sie erhalten den Anruf einer Mitarbeiterin aus dem Verkauf. Eine Kundin möchte ein Designer-Kleid im Wert von rund 1000 Euro zurückgeben, da es ihr angeblich doch nicht so gut gefällt. Das Kleid ist jedoch offensichtlich getragen worden und lässt sich nicht mehr verkaufen.
Da sich Ihre Mitarbeiterin geweigert hat, das Kleid zurückzunehmen, ist die Dame laut und ausfallend geworden. Inzwischen haben sich einige Schaulustige im Geschäft angesammelt, um das Spektakel zu beobachten. Ihre Mitarbeiterin bittet Sie nun, in den Verkaufsraum zu kommen, um die Angelegenheit mit der Dame abschließend zu klären.

Vorbereitungszeit: keine
Gesprächsdauer: max. 10 Minuten

Weitere Übungsbeispiele für Kunden- und Verhandlungsgespräche finden Sie auf der beigefügten CD-ROM.

WORAUF SIE ACHTEN MÜSSEN

Rollenspiel: Kunden- bzw. Reklamationsgespräch

Verkaufsgespräche sollen zeigen, ob und wie Sie in kritischen Gesprächssituationen überzeugen können.

Hören Sie Ihrem Gegenüber aufmerksam zu.

Gehen Sie auf Bedürfnisse und Signale Ihres Gegenübers ein.

Bemerkungen:

Gehen Sie auf Bedenken oder Beschwerden des Kunden ein.

Zeigen Sie Verständnis für seine Anliegen. Etwa: „Das kann ich gut verstehen, aber bedenken Sie, dass ..."

Sprechen Sie Ihr Gegenüber immer wieder mit seinem Namen an.

Zeigen Sie Lösungen oder Alternativvorschläge auf.

Gruppendiskussion

Auch die Gruppendiskussion kann als so genanntes Rollenspiel ausgelegt sein. Die einzelnen Teilnehmer erhalten für die Diskussion nicht nur ein Thema, sondern auch eine genaue Rollenanweisung. Sie nehmen dann die Rolle einer Frauenbeauftragten, eines Betriebsratsmitglieds, eines Politikers, eines Vertreters einer Minderheitengruppe oder dergleichen ein. In manchen Fällen werden auch Positionen und Argumente vorgegeben, die Sie vertreten sollen. Alternativ wird der Charakter (Besserwisser, Skeptiker, Optimist, aggressiver Teilnehmer etc.) skizziert, in dessen Rolle Sie schlüpfen sollen. Das Thema ist in solchen Fällen meist sehr weit gefasst und lässt Ihnen viel Spielraum. Näheres dazu finden Sie im Kapitel Gruppendiskussion.

Übungen

ÜBUNG 1: GRUPPENDISKUSSION – GESETZLICHE MINDESTLÖHNE

Diskussionsthema: Gesetzliche Mindestlöhne – ja oder nein?
Sie sind Vertreter der Vereinten Dienstleistungsgesellschaft Ver.di und treten in der Diskussion für deren Forderung nach einem gesetzlichen Mindestlohn ein.

Vorbereitungszeit: 3 Minuten
Diskussionsdauer: 20 Minuten

ÜBUNG 2: GRUPPENDISKUSSION – ATOMWAFFENFREIE WELT

Diskussionsthema: Atomwaffenfreie Welt
Sie sind Pressesprecher des Weißen Hauses und sollen in einer Diskussionsrunde die Hoffnung des US-Präsidenten Barack Obama verteidigen bzw. untermauern.

Vorbereitungszeit: 10 Minuten
Diskussionsdauer: 30 Minuten

ÜBUNG 3: GRUPPENDISKUSSION – ÖFFENTLICHE SICHERHEIT

Diskussionsthema: Terroranschläge und gewalttätige Übergriffe auf öffentlichen Plätzen. Wie viel Überwachung braucht Deutschland?
Übernehmen Sie in der Diskussionsrunde die Position des Bundesinnenministers.

Vorbereitungszeit: keine
Diskussionsdauer: 45 Minuten

Postkorbübungen

CHECKLISTE: WAS WIRD GETESTET		
	ja	nein
Entscheidungsfähigkeit	☐	☐
Selbstorganisation	☐	☐
Zeitmanagement	☐	☐
Analysefähigkeit	☐	☐
Kombinationsfähigkeit	☐	☐
Übersicht, Überblick	☐	☐
Setzen von Prioritäten	☐	☐
Organisationsfähigkeit	☐	☐
Delegationsfähigkeit	☐	☐
Belastbarkeit, Stressverhalten, Ausdauer	☐	☐
Problemlösungsfähigkeit	☐	☐
Führungsstil, Führungsqualitäten	☐	☐
Risikobereitschaft	☐	☐

Neben der Gruppendiskussion und den persönlichen Interviews gehören die Postkorbübungen zu den beliebtesten Aufgaben im Rahmen eines Assessment Centers – zumindest aus Sicht der Arbeitgeber. Denn mit ihrer Hilfe erhoffen sie sich, einen weitgehenden Einblick in die Arbeits- und Denkweise aber auch in das Entscheidungs- und Führungsverhalten der Kandidaten zu erhalten. Generell sollten Sie immer mit einer Postkorbübung rechnen.

Postkorbübungen simulieren eine Situation, in der Sie in einem zeitlich eng bemessenen Rahmen Termine vergeben, Vorgänge beurteilen, Entscheidungen treffen und Aufgaben erledigen beziehungsweise delegieren müssen.

Entscheidend ist dabei, dass Sie sich in die Position und die Situation der beschriebenen Person hineindenken und entsprechend handeln. Sie sollten sich deshalb genau überlegen, welche Handlungsbefugnisse die Person hat, auf welcher Entscheidungsebene sie sich befindet und welche Arbeitsweise damit zu verbinden ist. Ein leitender Angestellter oder Geschäftsführer wird in der Regel seine Briefe nicht zur Post bringen, ein stellvertretender Abteilungsleiter keine strategischen Entscheidungen fällen, die das gesamte Unternehmen betreffen. Manchmal gebietet die Situation jedoch beides.

In der Regel stehen Ihnen zur Lösung der Aufgaben - angesichts der heutzutage mannigfaltigen Kommunikationsmittel - begrenzte Mittel zur Verfügung. Aus verschiedenen Gründen dürfen Sie meist weder Telefon noch Internet oder Handy nutzen, da Sie etwa ins Ausland müssen und dort nicht oder nur sehr schwer zu erreichen sind.

Im Laufe der Übung begegnen Ihnen zahlreiche Probleme, beruflicher aber auch privater Art. Termine überschneiden sich, dringliche Aufgaben müssen abgearbeitet werden, Konflikte mit Mitarbeitern in Angriff genommen und private Verpflichtungen wahrgenommen werden.

Je höher die Stelle, um die Sie sich bewerben, angesiedelt ist, desto komplexer und anspruchsvoller werden auch die Postkorbübungen. Während sich Berufseinsteiger mehr organisatorischen Aufgaben und einfacheren Entscheidungsprozessen gegenüber sehen, müssen Führungskräfte mit komplexen und verwobenen Zusammenhängen und vielseitigen Lösungswegen rechen. Von Ihnen werden weitsichtige Urteile und Einschätzungen erwartet, teils auch mit einer Portion Mut und Risikobereitschaft.

Sicherlich verwenden einige Unternehmen standardisierte Postkorbübungen, um die Kosten für das Assessment Center gering zu halten. In der Regel passen die Unternehmen die Postkorbübungen jedoch den Anforderungen an die zu besetzende Stelle an. Gehen Sie also nicht davon aus, dass Sie auf eine der Übungen treffen werden, die in der einschlägigen Literatur als Beispiele aufgeführt werden. Es ist sinnvoller, sich allgemein auf die Postkorbübung vorzubereiten, einer allgemeingültigen Strategie oder Vorgehensweise zu folgen und die Ziele und Anforderungen der Übungen zu verstehen als sich auf die Lösung von ein oder zwei Beispielübungen zu konzentrieren.

Wie löst man Postkorbübungen?

Bei der Lösung von Postkorbübungen ist es wichtig, nicht blindlings loszulegen. Nehmen Sie sich die Zeit, die einzelnen Positionen zu erfassen und zu kategorisieren. Arbeiten Sie sich dann Punkt für Punkt durch. So gehen Sie dabei am besten vor:

1. Aufmerksames Lesen und Erfassen sämtlicher Positionen

Lesen Sie die Situationsbeschreibung sowie alle Mitteilungen sorgfältig durch. Markieren Sie alle wichtigen aber auch unwichtigen

- Termine,
- Aufgaben,
- Erledigungen,
- anfallenden Entscheidungen und
- zusätzlichen Informationen (z. B. welche Mitarbeiter oder Personen Ihnen zur Erledigung von Aufgaben zur Verfügung stehen).

Lesen Sie die Situationsbeschreibung nun noch einmal sorgfältig durch. Haben Sie eventuell etwas vergessen oder übersehen? Haben sich durch die Mitteilungen neue Aufgaben innerhalb der Situationsbeschreibung ergeben, die Sie beim ersten Lesen noch nicht wissen beziehungsweise noch nicht erfassen konnten aber dennoch abarbeiten müssen?

Vorsicht! Nicht immer beschränken sich die Aufgaben, Termine und Erledigungen auf die anhängenden Notizen. Der Geschäftsführer in unserem Fall etwa, muss sich beispielsweise noch darum kümmern, dass er sein Flugticket abholt, abholen lässt oder jemanden findet, der es ihm an den Flughafen bringt! Auch ein Taxi muss er sich noch organisieren. Spezielle Mitteilungen existieren hierfür verständlicherweise nicht.

2. Terminkalender erstellen

Tragen Sie alle Termine in einen Kalender ein. Sollte kein Kalender bei den Arbeitsmaterialien dabei sein, legen Sie einen eigenen Kalender an. So behalten Sie den Überblick! Markieren Sie sämtliche Terminüberschneidungen deutlich, damit Sie später bei der Organisation der Termine keinen einzigen übersehen.

So könnte Ihr Terminkalender aussehen

Datum	Termin, Aufgabe, Entscheidung	Dringlichkeit	Zuständigkeit
Do 23.11	Termin 1	Stufe 1	Mitarbeiter 1
	Entscheidung 1	Stufe 2	Ich
Fr. 24.11.	Aufgabe 1	Stufe 3	Mitarbeiter 2
	Termin 2	Stufe 4	ohne Folgen

3. Dringlichkeitsrangliste anlegen

Um sich einen Weg durch das Dickicht von Terminen und Aufgaben zu machen, ist es sinnvoll, die einzelnen Positionen ihrer Wichtigkeit beziehungsweise ihrer Dringlichkeit nach zu ordnen oder zu sortieren:

- Welche Termine müssen sofort erledigt werden?
- Welche Termine können beziehungsweise müssen verschoben werden?
- Was passiert, wenn ein Termin verstreicht? Versuchen Sie die Folgen abzuschätzen.
- Welche Termine können gestrichen werden?
- Können Termine gemeinsam abgearbeitet oder miteinander verbunden werden? Wenn ja, markieren Sie diese Termine
- Legen Sie Dringlichkeitsstufen an, etwa wie folgt:
    - ☐ Stufe 1: sehr wichtig oder dringend, muss sofort erledigt werden
    - ☐ Stufe 2: wichtig, aber kein dringender Handlungsbedarf notwendig
    - ☐ Stufe 3: eher unwichtig, nicht dringend, sollte aber erledigt werden
    - ☐ Stufe 4: unwichtig, hier muss nichts getan werden

4. Zuständigkeiten klären

Denken Sie daran, dass nicht alle Positionen von Ihnen abgearbeitet bzw. erledigt werden müssen, manche können Sie an Ihre Mitarbeiter beziehungsweise Familienmitglieder delegieren oder abgeben. Teilen Sie die Positionen auf und weisen Sie ihnen die Personen, die die Aufgaben übernehmen sollen, nach folgendem Muster zu:

- Welche Aufgaben und Termine muss ich selbst erledigen?
- Welche Aufgaben und Termine kann ich delegieren?
- Wer kann welche Aufgaben oder Termine erledigen?

5. Notizen schreiben

Notieren Sie zu jeder Mitteilung, Aufgabe oder Position, wie Sie vorgehen werden. Nehmen Sie dafür Ihren Terminkalender zur Hilfe. Arbeiten Sie die einzelnen Positionen der Reihe nach unter folgenden Gesichtspunkten ab:

- Übernehmen Sie die Aufgabe selbst? Wenn ja, wie? Welche Entscheidung treffen Sie? Wer führt sie aus? (Gegebenenfalls Terminierung vor- oder angeben)

- Oder delegieren Sie die Aufgabe? Wenn ja: An wen wird delegiert und was genau? Müssen Sie die Durchführung sicherstellen beziehungsweise kontrollieren? Wenn ja: Welche Kontrollinstrumente setzen Sie hierfür ein? (Gegebenenfalls Terminierung vor- oder angeben.)

Nachfragen der Beobachter

In vielen Fällen folgt der schriftlichen Ausarbeitung der Postkorbübung eine mündliche Diskussion mit den Beobachtern. Dabei sollen Sie etwa Ihre Strategie, mit der Sie sich an die Lösung der Aufgabe gemacht haben, kurz skizzieren. Sie können hier ruhigen Gewissens die oben aufgeführte 5-Punkte-Strategie heranziehen.

Zudem werden die Beobachter einige Ihrer Entscheidungen kritisch hinterfragen und Sie um eine Erklärung beziehungsweise eine Stellungnahme bitten. Es ist deshalb empfehlenswert, sich bereits während der Lösung der Postkorbaufgabe Notizen zu machen, welche Entscheidungen Sie auf welcher Grundlage gemacht haben.

Kritische Nachfragen aus dem Kreis der Assessoren deuten nicht zwingend darauf hin, dass Ihre Vorgehensweise oder Ihr Lösungsweg falsch ist. In den meisten Fällen handelt es sich lediglich um einen Test, ob Sie bereit und fähig sind, eine einmal getroffene Entscheidung auch Kritikern und Skeptikern gegenüber zu verteidigen. Wenn Sie von Ihrer Entscheidung überzeugt sind, behalten Sie Ihren Standpunkt bei. Bleiben Sie ruhig und sachlich und erklären Sie den Beobachtern die Grundlage Ihrer Entscheidung. Erkennen Sie während der Nachfragen allerdings, dass Sie bei einer Entscheidung falsch gelegen haben, scheuen Sie sich nicht davor, dies zuzugeben. Dadurch belegen Sie Ihre Fähigkeit zur konstruktiven Kritik und Bereitschaft, eigene Fehler zuzugeben und gegebenenfalls Entscheidungen zu revidieren.

Beispiel für eine Postkorbübung

Diese Übung finden Sie auch auf der beiliegenden CD-ROM. Zu Übungszwecken können Sie die Unterlagen ausdrucken und bearbeiten. Achten Sie bei der Übung darauf, sich an das vorgegebene Zeitlimit zu halten, damit Sie eine möglichst authentische Testsituation simulieren können.

SITUATIONSBESCHREIBUNG

Es ist Donnerstag, der 23. November, 17:10 Uhr. Sie sind Andreas Köttmayer, Geschäftsführer eines Mittelständischen Unternehmens in Frankfurt am Main und gerade von einer einwöchigen Geschäftsreise aus den Vereinigten Staaten zurückgekommen. In Ihrem Büro stapelt sich die Post der vergangenen Woche, denn Ihre Sekretärin Anne Kleinschmidt hatte ein paar Tage Urlaub. Zudem finden Sie einige Notizen, Faxe sowie Unterlagen zur Unterschrift vor.

Eigentlich sollte Frau Kleinschmidt heute wieder im Büro sein, doch Sie treffen sie nicht an. Neben Ihrer Sekretärin arbeitet für Sie noch Ihr Assistent Klaus Wagner, mit dessen Arbeit Sie überaus zufrieden sind. Außerdem haben Sie zurzeit einen Praktikanten beschäftigt, dessen Namen Sie allerdings vergessen haben.

Sie sind vor einer Stunde in Frankfurt gelandet und vom Flughafen direkt ins Büro gefahren, um noch ein paar Dinge zu erledigen und Liegengebliebenes abzuarbeiten. Auf dem Weg ins Büro hat Sie jedoch ein Anruf erreicht, der eine Geschäftsreise nach Indien unumgänglich macht. Ihre Firma errichtet in Indien ein neues Werk, vor Ort gibt es Schwierigkeiten. Sie haben Ihrem Mitarbeiter in Delhi versprochen, die nächste Maschine nach Indien zu nehmen, sich am Freitag im Laufe des Vormittags auf der Baustelle mit ihm zu treffen und sich in den nächsten zehn Tagen um die Angelegenheiten vor Ort zu kümmern. Das Werk liegt jedoch drei Autostunden von Delhi entfernt, fernab der Zivilisation. Sie werden deshalb dort nur bedingt die Möglichkeit haben, sich mit der Außenwelt in Verbindung zu setzen.

Auf der Fahrt vom Flughafen haben Sie kurz mit Ihrem Reisebüro telefoniert, denn Ihre Sekretärin war telefonisch nicht zu erreichen. Der nächste Flug nach Delhi startet um 20 Uhr vom Frankfurter Flughafen. Das Reisebüro wird die entsprechenden Reiseunterlagen vorbereiten. Das Reisebüro ist von Ihrem Büro aus mit dem Auto in einer halben Stunde zu erreichen, es schließt allerdings um 18:15 Uhr.

Inzwischen ist der Akku Ihres Mobiltelefons leer, Ihr Aufladekabel haben Sie versehentlich in einem Taxi in den USA liegengelassen.

ARBEITSANWEISUNG

Bitte treffen Sie alle notwendigen Vorbereitungen für Ihre Geschäftsreise sowie Ihre damit verbundene Abwesenheit. Nehmen Sie zu den einzelnen Vorgängen schriftlich Stellung. Treffen Sie Entscheidungen, delegieren Sie und lassen Sie Termine vereinbaren oder verschieben.

Bitte geben Sie sämtliche von Ihnen angefertigten schriftlichen Unterlagen und Notizen mit ab.

Bearbeitungszeit: analog zur Situationsbeschreibung

Die Bearbeitungszeit beginnt mit Austeilung der Unterlagen.

Beispiel für eine Postkorbübung

MITTEILUNG 1: HAUSMITTEILUNG PER RUNDSCHREIBEN

An alle Mitarbeiter im Hause

Aufgrund verschiedener Wartungsarbeiten sind sämtliche Telefonanschlüsse in der Zeit vom

23. November, 16 Uhr bis 24. November, 8 Uhr

außer Betrieb. Betroffen sind davon sämtliche Internetanschlüsse und -verbindungen. Richten Sie bitte Ihre Arbeitsorganisation danach aus.

Wir bitten um Ihr Verständnis.

Mit freundlichen Grüßen

Hausmeister Max Edelmann

MITTEILUNG 2: HANDSCHRIFTLICHE NOTIZ

Für Herrn Köttmayer

Frisör hat Termin am Dienstag, den 28. November, um 8:30 Uhr bestätigt.

Gez. Thomas Tiell

MITTEILUNG 3: FAXMITTEILUNG

FAX VOM 23. NOVEMBER, 14 UHR 34

Hallo Herr Köttmayer,

ich liege mit einem grippalen Infekt im Bett und kann leider nicht zur Arbeit erscheinen. Mein Arzt hat mich bis Ende nächster Woche krankgeschrieben. Die entsprechende Krankmeldung ist bereits auf dem Postweg zu Ihnen unterwegs.

Ihr Praktikant, Herr Tiell, hat mich in den vergangenen Wochen unterstützt und die letzten Tage vertreten. Er wird sich auch weiterhin um die notwendigsten

Sachen kümmern.

Beste Grüße

Anne Kleinschmidt

PS: Mit Herrn Klaus scheint irgendetwas nicht zu stimmen. Er ist etwas mürrisch und unzuverlässig gewesen. Ich glaube, ihm liegt etwas auf dem Herzen.

MITTEILUNG 4: HANDSCHRIFTLICHE NOTIZ

Für Herrn Köttmayer

Ihre Frau hat angerufen. Sie mögen sich bitte den Montagabend (04.12.) freihalten, da sie Karten für Witzigmann in Frankfurt reserviert hat. Die Veranstaltung beginnt gegen 20 Uhr. Laut Ihrer Frau sollen Sie bitte die Karten im Laufe des Freitags (1.12.) am Kartenschalter abholen, da sie selbst den ganzen Tag in einer Besprechung sitzt. Die Reservierungsnummer lautet 2311.

Gez. Thomas Tiell

MITTEILUNG 5: BRIEF

Für Herrn Köttmayer

Von: Thomas Klaus

Betreff: Kündigung

Sehr geehrter Herr Köttmayer,

hiermit kündige ich mein Arbeitsverhältnis mit Ihrem Unternehmen zum 31. Dezember diesen Jahres.

Wie ich Ihnen bei unserem jüngsten Gespräch mitteilte, bin ich mit der Höhe meines Gehalts nicht einverstanden. Mir liegt ein lukratives Angebot einer anderen Firma vor. Es ist schade, dass Sie bislang keine Zeit gefunden haben, ernsthaft über meine Bezahlung nachzudenken und mir ein entsprechendes Angebot zu unterbreiten. Meiner Meinung nach sind meine Forderungen meiner Leistung und meinem Arbeitseinsatz angemessen. Ich bedaure es übrigens sehr, Ihr Haus verlassen zu müssen.

Angesichts meines noch ausstehenden Urlaubs ist Montag, der 4. Dezember mein letzter Arbeitstag.

Mit freundlichen Grüßen

Thomas Klaus

MITTEILUNG 6: FAX-MITTEILUNG

Für Herrn Köttmayer

Von: Wirtschaftsverband Südhessen, Frau Angela Hatter

Betreff: Vortrag zum Thema Outsourcing

Sehr geehrter Herr Köttmayer,

wir freuen uns, dass wir Sie als Redner für unsere Podiumsveranstaltung „Chancen durch Outsourcing" gewinnen konnten. Nun stehen uns zwei Termine für die Veranstaltung zur Verfügung

- Sonntag, den 3. Dezember, 10:30 Uhr
- Sonntag, den 10. Dezember, 10:30 Uhr

Bitte teilen Sie uns mit, welchen Termin Sie bevorzugen und wie lange Ihr Vortrag dauern wird. Wir würden uns freuen, wenn Sie uns bis Ende der Woche eine kurze Inhaltsbeschreibung Ihres Vortrags zukommen lassen könnten.

Mit besten Grüßen

Angela Hatter
Vorsitzende des Wirtschaftsverbandes Südhessen

MITTEILUNG 7: INTERNE MITTEILUNG

Von: Claudia Dreher, Einkauf

Sehr geehrter Herr Köttmayer,

ich habe heute ein Angebot der Firma Systex erhalten. Sie bieten uns einen Wartungsvertrag für unsere Soft- und Hardware an. Das Angebot ist 20 Prozent günstiger als das unseres bisherigen Anbieters, allerdings müssten wir für die anfallenden Materialkosten selbst aufkommen. Diese dürften jedoch erfahrungsgemäß gering ausfallen.

Wir können uns zwar bis Mitte Dezember mit der Zusage Zeit lassen, doch die Kündigungsfrist für unseren bisherigen Anbieter läuft am 30. November aus. Zudem haben wir eine Ausstiegsklausel. Da der Vertrag erst Ende des kommenden Jahres ausläuft, müssen wir mit einer Strafzahlung von 5 000 Euro rechnen.

Da die Gesamtkosten die Grenze von 45 000 Euro pro anno überschreiten, brauche ich Ihre Zustimmung.

Die entsprechenden Vertrags- und Kündigungsunterlagen habe ich bereits vorbereitet und diesem Schreiben beigelegt.

Grüße

Claudia Dreher

MITTEILUNG 8: HANDSCHRIFTLICHE NOTIZ

Von Thomas Klaus

Anruf von Fa. Bitter aus Köln. Geschäftsführer Hr. Jäger bittet um einen kurzfristigen Termin bei Herrn Köttmayer, um den Reklamationsstreit zu klären. Ab 29. November ist er für zwei Wochen im Urlaub.

Beispiel für eine Postkorbübung

MITTEILUNG 9: FAX

Hallo Andreas,

ich habe die Sache jetzt vor Gericht gebracht und brauche Dich als Zeugen. Ist zwar etwas kurzfristig, aber der Gerichtstermin ist am Montag, 27. November, 11:30 Uhr. Landgericht Frankfurt. Ich verlasse mich auf Dich. Melde Dich doch bitte kurz.

Grüße Horst

MITTEILUNG 10: BRIEF

Von Hessen-Bank, Hr. Schmitt

Betreff: Privatkonto, Kreditkartenlimit

Sehr geehrter Herr Köttmayer,

leider mussten wir feststellen, dass das Limit Ihrer Kreditkarte ausgeschöpft ist. Ihre letzte Belastung (BN 866 874-66) haben wir aus Kulanzgründen noch abgedeckt. Bitte setzen Sie sich umgehend mit uns in Verbindung, um die Angelegenheit zu klären.

Ich möchte Sie zudem bitten, Ihre Kreditkarte bis zur Klärung der Sachlage nicht weiter einzusetzen, da wir uns sonst gezwungen sehen, die Karte sperren zu lassen. Das wiederum wäre mit unangenehmen Folgen für Sie verbunden.

Mit freundlichen Grüßen

Walter Schmitt

MITTEILUNG 11: BRIEF

VON: FA. BODDER, DRUCKEREI, 22. NOVEMBER
MAHNUNG

Betreff: RN: 677 9-98/02 vom 12. Oktober

Sehr geehrter Herr Köttmayer,

trotz unserer Erinnerung vom 3. November haben Sie unsere Rechung vom 12. Oktober leider noch nicht beglichen. Ihre Mitarbeiterin Frau Kleinschmidt wollte den Betrag bis zum 18. November auf unser Konto überweisen. Bis heute haben wir jedoch noch keinen Zahlungseingang verbuchen können.

Da wir uns derart große Zahlungsrückstände nicht leisten können, bitten wir Sie, die offene Rechnung in Höhe von 8 761,45 Euro bis spätestens zum 30. November auszugleichen. Ansonsten sehen wir uns nicht in der Lage, Ihre beiden jüngsten Aufträge auszuführen beziehungsweise auszuliefern. Ich bitte Sie, das zu verstehen.

Mit freundlichen Grüßen

Michael Bodder

MITTEILUNG 12: NACHRICHT AUF ANRUFBEANTWORTER

Datum: Donnerstag, 23.11., 15:12 Uhr

Andreas, bist Du da?

Hier ist Deine Schwiegermutter. Ich kann Katrin nicht erreichen. Ich kann mich kaum bewegen, mir ist es mal wieder in den Rücken gefahren. Kannst Du meiner Tochter bitte sagen, dass sie mich anrufen soll? Danke.

MITTEILUNG 13: NACHRICHT AUF ANRUFBEANTWORTER

Datum: Donnerstag, 23.11, 15:55 Uhr

Hallo Papa, ich bin's, Stefan. Dein Handy geht mal wieder nicht! Ich brauche für morgen noch eine Unterschrift von Dir, dass ich mit auf den Schulausflug darf. Mama hat mir erlaubt, bei Timo zu schlafen, dann bin ich morgen schneller am Bahnhof. Ich komme dann heute Abend gegen acht Uhr bei Dir im Büro vorbei, damit Du die Einverständniserklärung schnell unterschreiben kannst. Ach ja, ich brauche noch 80 Euro für Fahrtkosten und Eintrittsgelder. Und ein bisschen Taschengeld wäre auch nicht schlecht. Okay, bis nachher dann.

MITTEILUNG 14: NACHRICHT AUF ANRUFBEANTWORTER

Datum: Donnerstag, 23.11, 15:46 Uhr

Hallo Schatz,

ich hoffe, Du bist gut gelandet. Meiner Mutter geht es wohl nicht gut. Deshalb mache ich mich jetzt auf den Weg nach Düsseldorf, um nach ihr zu sehen. Stefan übernachtet heute bei Timo, Marie nehme ich mit. Ich denke, dass ich spätestens morgen Abend wieder zu Hause bin.

Freue mich auf Dich. Bis morgen.

MITTEILUNG 15: HAUSPOST

Von: Controlling, Hr, Otto

Sehr geehrter Herr Köttmayer,

anbei finden Sie unseren Geschäftsbericht für das vergangene Geschäftsjahr mit Abschluss zum 31. August. Ich möchte Sie bitten, die Unterlagen durchzusehen und mir bis zum 3. Dezember Feedback zu geben, damit ich den Bericht gegebenenfalls noch einmal überarbeiten kann.

Grüße

Lothar Otto

MITTEILUNG 16: HAUSMITTEILUNG

Von: Sicherheitsservice

An alle Mitarbeiter

Am Mittwoch, den 29. November findet zwischen 10 und 12 Uhr eine Feuerübung auf dem Firmengelände statt. Wir möchten alle Mitarbeiter auffordern, sich aktiv an der Übung zu beteiligen, um uns für den Ernstfall zu rüsten.

MITTEILUNG 17: HANDSCHRIFTLICHE NOTIZ

Frau Hubert von der Marketingabteilung hat angerufen. Die Firma Bodder weigert sich, die Weihnachtsprospekte zu liefern, und hat die Marketingabteilung an Sie verwiesen. Scheinbar ist noch eine Rechnung offen. Frau Hubert lässt ihnen ausrichten, dass sie die Prospekte dringend braucht, da sonst die gesamte Weihnachtsaktion gefährdet ist.

Gez. Tiell

Wir haben Ihnen für diese Postkorbübung einen Lösungsvorschlag erarbeitet. Falls Sie diese Übung selbst durchführen wollen, überspringen Sie am besten die nächsten sieben Seiten.

Lösungsvorschlag zur Postkorbübung

1. Schritt: Erfassen der Situation sowie der Positionen

- Lesen Sie die Situationsbeschreibung und alle Mitteilungen sorgfältig durch.
- Markieren Sie wichtige Termine, Aufgaben und Personen.
- Notieren Sie sich ggf. die zur Verfügung stehenden Personen.

2. Schritt: Eintragung in den Terminkalender

- Tragen Sie alle Termine in einen Kalender ein. Falls kein Kalender zur Verfügung steht, erstellen Sie einen.

- Markieren Sie alle Termine, die entweder mit Ihrer Geschäftsreise kollidieren oder aus anderen Gründen verschoben werden müssen.

3. Schritt: Erstellen Sie eine Dringlichkeitsliste.

- Stufen Sie die einzelnen Termine und Aufgaben bezüglich ihrer Dringlichkeit ein.

4. Schritt: Zuständigkeit klären

- Entscheiden Sie, welche Termine und Aufgaben Sie selbst wahrnehmen beziehungsweise welche Sie an wen delegieren werden.

- Legen Sie fest, welche Entscheidungen Sie selbst treffen und welche Sie an wen delegieren werden.

5. Schritt: Notieren Sie zu jeder Mitteilung, zu jeder anfallenden Position wie Sie vorgehen werden

Achten Sie dabei darauf, dass folgende Informationen in Ihren Notizen enthalten sind:

- Wer übernimmt die Aufgabe und wann? Wie soll sie ausgeführt beziehungsweise erledigt werden?

- Wie kann ich delegierte Aufgaben kontrollieren? Welche müssen kontrolliert werden?

Terminkalender und Notizen

Datum	Termin	Dringlichkeit	Zuständigkeit
Do 23.11.	sofort: Taxi bestellen	Stufe 1	Tiell
	18:30 Uhr: Ticket abholen	Stufe 1	Ich
	19:30 Uhr: Stefan wg Geld	Stufe 1	Tiell
	20:00 Uhr: Flug nach Indien	Stufe 1	Ich

Datum	Termin	Dringlichkeit	Zuständigkeit
Fr. 24.11.	Stefan kommt von Ausflug zurück	Stufe 1	Tiell, Timo
	abends: Katrin kommt aus Düsseldorf zurück	Stufe 4	ohne Folgen
Sa 25.11.			
So 26.11.			
Mo 27.11.	11:30 Uhr: Landgericht Frankfurt	Stufe 2	Thiell verschieben
Di 28.11.	8:30 Uhr Frisörtermin	Stufe 3	Thiell streichen
Mi 29.11.	Reklamation: Hr. Jäger (Fa. Bitter) ab heute eine Wo. Urlaub	Stufe 2	Klaus: Terminierung
	Feedback Geschäftsbericht	Stufe 2	Ich – o. k.
	10-12 Uhr: Feuerwehrübung	Stufe 4	ohne Folgen
Do 30.11.	Rechnung Fa. Bodder	Stufe 2	Tiell, Otto
Fr 1.12.	Krankheit Fr. Kleinschmidt		Tiell
	im Laufe des Tages Karten für Witzigmann abholen / Kartenschalter	Stufe 2/3	Tiell
Sa 2.12.			
So.3.12.	Voraussichtliche Rückkehr		
Mo 4.12.	20 Uhr Essen bei Witzigmann „letzter" Arbeitstag von Herrn Klaus		Ich – o. k.
Di 5.12.			
Mi 6.12	Reklamation: Hr. Jäger (Fa. Bitter) wieder da	Stufe 2	Ich – o. k.
Do 7.12			
Fr 8.12			
Sa 9.12			
So 10.12	Vorauss. 10:30 Uhr: Vortrag Wirtschaftsverb. Südhessen: Outsourcing	Stufe 2	Ich – o. k.

Notizen zu den einzelnen Mitteilungen

MITTEILUNG 1

Zur Kenntnis genommen. Schränkt mich allerdings in meiner Handlungsfreiheit ein! Bitte daher Herrn Tiell, mir ein Taxi zum Flughafen zu besorgen. Abfahrt gegen 17:40 Uhr, da ich spätestens um 18:15 Uhr beim Reisebüro noch meine Reiseunterlagen abholen muss. Ich rechne fünf Minuten Spiel ein.

MITTEILUNG 2

Notiz an Herrn Tiell: bitte Frisörtermin absagen.

MITTEILUNG 3

Zur Kenntnis genommen. Bis Ende nächster Woche muss Herr Tiell die Aufgaben von Frau Kleinschmidt übernehmen, ich muss also ihm die entsprechenden Aufgaben übergeben.

Mit Herrn Klaus muss ich einen Gesprächstermin vereinbaren (siehe Notiz zu Mitteilung 5).

MITTEILUNG 4

Schreibe Herrn Tiell eine Notiz, dass er sich bitte um die Abholung der Karten kümmern soll.

MITTEILUNG 5

Ich schreibe Herrn Klaus eine Notiz, dass ich seine Kündigung nicht ohne ein weiteres Gespräch akzeptieren möchte. Da ich mit seinen Leistungen ja sehr zufrieden bin, stelle ich ihm eine Einigung bei der Gehaltsfrage in Aussicht. Zudem bitte ich ihn, am Montag nach meiner Geschäftsreise zu einem Termin bei mir im Büro. Die genaue Terminvereinbarung soll Herr Tiell übernehmen.

Notiz an Herrn Klaus mit der Bitte, bis zur Genesung meiner Sekretärin den Praktikanten Thomas Tiell bei den Sekretariatsaufgaben zu unterstützen und ein Auge darauf zu haben, dass alle Aufgaben erledigt werden und keine dringenden Termine unerledigt verstreichen.

MITTEILUNG 6

Da ich erst im Laufe des 3. Dezember von meiner Geschäftsreise zurückkomme, lasse ich durch Herrn Tiell den 10. Dezember bestätigen. Zudem soll Herr Tiell Frau Hatter mitteilen, dass mein Vortrag etwa 30 Minuten dauern wird, ich ihr aber vor meiner Geschäftsreise keine Inhaltsangabe mehr zukommen lassen kann, ich dies jedoch in der Woche nach dem 3. Dezember bei Bedarf nachholen kann.

MITTEILUNG 7
Ich prüfe kurz die Zahlen und rechne Verlust und Einsparung gegeneinander auf. Das Angebot lohnt sich trotzdem, bei den Materialkosten vertraue ich auf die Erfahrung meiner Mitarbeiterin. Ich unterschreibe die beiliegenden Unterlagen und lege Sie Herrn Tiell mit dem Hinweis hin, dass er diese für die Hauspost (Empfänger Frau Dreher, Einkauf) fertig machen soll.

MITTEILUNG 8
Ich bitte Herrn Klaus, sich bei Fa. Bittner zu melden und mit Herrn Jäger einen Termin nach meiner Rückkehr zu arrangieren. Falls der Termin zu spät sein sollte, soll Herr Klaus sich mit Herrn Jäger treffen und die Angelegenheit erörtern.

MITTEILUNG 9
Notiz für Herrn Tiell. Er soll meinem Freund Horst mitteilen, dass ich bis Montag, den 4.12. auf einer Geschäftsreise bin und den Termin daher nicht wahrnehmen kann. Danach sei ich aber gerne bereit, als Zeuge auszusagen.

MITTEILUNG 10
Ich werde meine Kreditkarte während der Geschäftsreise nicht nutzen. Herrn Klaus werde ich bitten, meine Frau darüber zu informieren. Sie soll Kontakt mit der Bank aufnehmen und die Angelegenheit regeln. Zudem soll er ihr mitteilen, dass eventuell auch ihre Kreditkarte davon betroffen ist.

MITTEILUNG 11
Herr Klaus soll prüfen, ob Frau Kleinschmidt die Überweisung bereits veranlasst hat. Falls nicht, soll er dies übernehmen. Da es sich bei den noch ausstehenden Druckaufträgen um wichtige Unterlagen handelt (siehe Mitteilung 17), soll sich Herr Klaus bei der Druckfirma melden und die Zahlung ankündigen. Um sicherzustellen, dass die Zahlung erfolgt, schreibe

ich eine Notiz für Herrn Otto vom Controlling mit der Bitte, die Angelegenheit zu verfolgen.

MITTEILUNG 12
Ich bitte Herrn Tiell, ausnahmsweise länger zu bleiben und auf meinen Sohn zu warten. Schreibe schnell selbst eine Einverständniserklärung, dass mein Sohn mit auf Klassenfahrt darf. Herrn Tiell übergebe ich Einverständniserklärung sowie 100 Euro für meinen Sohn.

MITTEILUNG 13
Meine Frau muss nach Düsseldorf. Das hat für mich erst einmal keine Auswirkungen. Da sie frühestens morgen Abend nach Hause kommt, schreibe ich meinem Sohn, er soll noch eine Nacht bei Timo schlafen. Herr Tiell soll spätestens morgen früh meine Frau anrufen und ihr sagen, dass ich dringend nach Indien musste, voraussichtlich bis Ende nächster Woche, mich aber sobald wie möglich bei ihr melden werde.

MITTEILUNG 14
Problem hat sich erledigt, meine Frau fährt bereits zu ihrer Mutter nach Düsseldorf. Ich beauftrage Herrn Tiell allerdings, meiner Schwiegermutter über einen Lieferdienst einen Blumenstrauß und Genesungswünsche zukommen zu lassen. Hierfür gebe ich ihm 40 Euro.

MITTEILUNG 15
Den Geschäftsbericht nehme ich mit nach Indien. Auf dem Flug und vor Ort in Indien kann ich die Unterlagen durcharbeiten und gegebenenfalls per Kurier zurückschicken.

MITTEILUNG 16
Da ich mich während der Feuerübung auf einer Geschäftsreise befinde, betrifft mich diese Feuerübung nicht.

MITTEILUNG 17
(siehe Mitteilung 11) Ich schreibe Frau Hubert eine Notiz, dass ich die Angelegenheit prüfen und erledigen lasse und verweise sie für weitere Anfragen an Herrn Klaus beziehungsweise an den Controller Herrn Otto.

Ich setze mich um 17:40 Uhr in das bestellte Taxi. Auf dem Weg zum Flughafen fahre ich beim Reisebüro vorbei und hole mein Flugticket ab. Um 20 Uhr fliege ich nach Indien.

✓ CHECKLISTE POSTKORBÜBUNG

Achten Sie beim Lösen von Postkorbübungen auf diese Punkte:

Notizen:

- Aufmerksames Lesen der Unterlagen und Erfassen sämtlicher Positionen, Termine, Aufgaben etc.
- Terminkalender mit allen Positionen, Terminen und Aufgaben erstellen
- Dringlichkeitsliste erstellen und Positionen kategorisieren
- Zuständigkeiten klären, Aufgaben delegieren
- Entscheidungen treffen
- Ggf. Termine verschieben
- Notizen beziehungsweise Mitteilungen und Kommentare verfassen
- Rechnen Sie mit Nachfragen der Beobachter. Etwa, warum Sie welche Entscheidung getroffen haben und ob Sie immer noch hinter Ihren Entscheidungen stehen.

Eine weitere Postkorbübung finden Sie auch auf der CD-ROM.

Fallstudien, Schätzaufgaben, Planspiele

WAS WIRD GETESTET?	ja	nein
Problemfindungsfähigkeit, Problemorientiertheit	☐	☐
Entscheidungsfähigkeit, Entscheidungsfreude	☐	☐
Ergebnisorientiertheit	☐	☐
Analytische Fähigkeiten	☐	☐
Kombinationsfähigkeit	☐	☐
U. U. Führungsstil und -qualitäten	☐	☐
U. U. Mitarbeiterführung, Mitarbeitermotivation	☐	☐
U. U. Teamarbeit	☐	☐

Fallstudien und Planspiele simulieren komplexe, berufsnahe Probleme. Dabei steht nicht nur die Herangehensweise der Kandidaten an das Problem unter Beobachtung sondern auch das Ergebnis.

> **TRENNEN SIE WICHTIGES VON UNWICHTIGEM**
>
> Die Informationsunterlagen können umfangreich sein, müssen es aber nicht. Wenn Sie für die Aufgabe zahlreiche Unterlagen, Dokumente und Informationen erhalten, dann sollten Sie vorab die wichtigen von den weniger wichtigen Unterlagen trennen. Allerdings ist nicht immer von vornherein klar, welche Informationen von Bedeutung sind und welche nicht. Manches erschließt sich erst aus anderen Informationen. Arbeiten Sie die Unterlagen daher sorgsam durch. Sie ersparen sich in einigen Fällen dadurch viel Zeit und Arbeit.

Bei vielen Fallstudien und Planspielen gibt es keine allgemeingültige Lösung. Sie sollten demnach nicht zu viel Zeit damit verbringen, nach der perfekten Lösung zu suchen. Ausschlaggebend ist vielmehr, dass Sie eine Lösung erarbeiten und diese auch darstellen können. Die Ergebnisse werden entweder schriftlich abgegeben oder mündlich präsentiert. In manchen Fällen wird beides gefordert.

Planspiele können Ihnen im AC als Einzel- oder Gruppenübung begegnen. Während Sie in Einzelübungen auf sich gestellt sind, müssen Sie bei den Gruppenübungen einmal mehr Ihre Teamfähigkeit unter Beweis stellen. Im ersten Fall ist das Ergebnis und eventuell Ihr Vortrag für die Bewertung entscheidend, im zweiten Fall Art und Weise der Lösungsfindung.

Das bedeutet allerdings nicht, dass es nicht weiter schlimm ist, wenn die Gruppe zu keinem Ergebnis kommt. Im Gegenteil. Das Grundkriterium für eine erfolgreiche Teamarbeit ist die gemeinsame Hinarbeitung auf ein Ziel. Wird das Ziel nicht erreicht oder keine Lösung gefunden, wird es sehr schwierig, den Lösungsfindungsprozess als erfolgreich einzustufen.

Fallstudie

Fallstudien als Gruppenübung ähneln Gruppendiskussionen sehr, vor allem beim Prozess der Ergebnisfindung, da Sie die Entscheidungen nicht alleine treffen, sondern einen Konsens mit den übrigen Gruppenmitgliedern finden müssen. Wenn Sie sich also an unseren Empfehlungen im Kapitel Gruppendiskussion orientieren, ist ein Teil der Vorbereitung auf die Fallstudien schon geschafft. Allerdings ist die vorgegebene Informationsmenge bei Fallstudien, die als Arbeitsgrundlage für die Gruppe dient, wesentlich umfangreicher.

TAUSCHEN SIE SICH MIT DEN ANDEREN AUS

Nicht immer erhalten alle Gruppenmitglieder die gleichen Informationen. Es kommt durchaus vor, dass die Fallstudie einem Rollenspiel gleicht. Alle Mitwirkenden nehmen dann im Prinzip eine andere Rolle an und erhalten entsprechende Informationen. Klären Sie also zu Beginn der Übung ab, welche Informationen wer hat und gleichen Sie diese gegebenenfalls an bzw. tauschen Sie sich mit den übrigen Bewerbern aus, damit alle den gleichen Wissens- und Informationsstand haben.

Die Fallstudie entspricht in diesem Fall einem Puzzle und Sie haben zunächst nur einen Bruchteil der Puzzleteile erhalten. Gemeinsam mit den Teilen der anderen Kandidaten ergibt sich schließlich ein Gesamtbild der Situation und somit auch des zu lösenden Problems.

Diese Vorgehensweise ist nicht unüblich, entspricht sie doch dem beruflichen Alltag, in dem nicht alle Mitarbeiter alle Informationen haben, sondern diese etwa in einem Meeting austauschen und schließlich eine Lösung für die anstehenden Probleme suchen bzw. erarbeiten müssen.

Beispiele für Fallstudien

Unsere Beispiele hier sind lediglich Kurzbeschreibungen bzw. Zusammenfassungen der eigentlichen Aufgaben. In der Regel erhalten die Kandidaten umfangreiches Informationsmaterial.

GRUPPENÜBUNG

Sie arbeiten in der Abteilung Projektentwicklung einer deutschen Billig-Airline. Doch Billig-Airlines sprießen inzwischen wie Pilze aus dem Boden. Deshalb sollen Sie ein effektives Kundenbindungsprogramm entwerfen, das wenig Kosten verursacht und trotzdem Kunden motiviert, sich auf eine, in diesem Fall Ihre Airline zu konzentrieren.

EINZELÜBUNG

Ihr Unternehmen will eine Tochtergesellschaft verkaufen. Bislang liefen die Preisverhandlungen sehr gut, vor allem da die Tochtergesellschaft ein viel versprechendes Medikament entwickelt hat, das demnächst auf den Markt kommen soll. Doch nun verzögert sich die Zulassung des neuen Produkts. Sie haben die Markteinführung allerdings schon groß angekündigt.

Um den Schaden – vor allem mit Blick auf den geplanten Verkauf der Tochtergesellschaft – möglichst gering zu halten, muss das Unternehmen eine entsprechende Presseerklärung herausgeben. Erarbeiten Sie Inhalt und Aufbau der Presseerklärung, damit die Presseabteilung diese ausformulieren kann.

Schätzaufgaben

Schätzaufgaben kommen in Assessment Centern oft dann vor, wenn die Zeit für einen Business Case oder eine Fallstudie zu knapp ist. Sie werden damit meist im Rahmen der Einzelgespräche (Interviews) eingesetzt. Bei vielen Assessoren sind die Schätzaufgaben sehr beliebt, weil man unvorbereitete Kandidaten sehr schnell ins Schwitzen bringen kann. Denn was soll man auf die Frage „Wie viele Tankstellen gibt es in den USA?" antworten. Wo und vor allem wieso hätte man das im Vorfeld nachschlagen sollen?

Das erwarten Juroren

Die Juroren erwarten nicht, dass Sie die exakte Zahl wissen. Sie erwarten auch nicht, dass Sie die Zahl erraten! Sondern es gilt der Grundsatz: Der Weg ist das Ziel. Und das zu einhundert Prozent. Die Beobachter interessieren sich kaum dafür, ob es nun 100 000 oder 200 000 Tankstellen in den USA gibt, sondern wie Sie an die Lösung herangehen beziehungsweise sich das Ergebnis herleiten. Wichtig ist, dass Sie Ihre Annahmen begründen und erklären können. Wenn Sie es mit Schätzaufgaben zu tun bekommen, achten die Juroren vor allem auf die folgenden Eigenschaften:

- Logisches Denken
- Kreativität
- Analytisches Denken

Wie löst man eine Schätzaufgabe?

Schätzaufgaben leben davon, dass man die genaue Antwort nicht kennt und Annahmen treffen muss. Je weiter Sie Ihre Annahmen herunterbrechen, auf eine Größe, die Sie besser einschätzen können, desto genauer wird Ihre Schätzung. Dazu schließen Sie dann – in umgekehrter Richtung – von der kleinen, überschaubaren Einheit auf die größere.

Wählen Sie bei Ihren Annahmen Zahlen, mit denen Sie gut rechnen und Werte überschlagen können. Es fällt niemandem leicht, durch sieben zu teilen oder mit 14 zu multiplizieren.

BEISPIEL FÜR EINE SCHÄTZAUFGABE

Wie viele niedergelassene Zahnärzte gibt es in Deutschland?

Lösungsmöglichkeit

Grund- und Ausgangsüberlegung

- Grundversorgung der Bevölkerung mit Zahnärzten

- Bevölkerungszahl Deutschlands

In einer kleinen, überschaubaren Stadt oder Gemeinde mit rund 15 000 Einwohnern sind etwa zehn bis 12 Zahnärzte angesiedelt. Um einfacher rechnen zu können, gehen wir von 10 Zahnärzten aus. Wenn 10 Zahnärzten auf 15 000 Einwohner kommen, kommt ein Zahnarzt auf 1 500 Einwohner. Ausgehend von rund 80 Millionen Einwohnern, ergibt sich folgendes Ergebnis: Es gibt rund 53 333 (80 000 000 geteilt durch 1 500) Zahnärzte in Deutschland.

Tatsächlich gibt es laut Bundeszahnärztekammer in Deutschland rund 55 000 niedergelassene Zahnärzte.

Planspiele, Unternehmensplanspiele

Das Planspiel ist eine Art Monopoly. Allerdings bekommen Sie zu Beginn nicht nur etwas Spielgeld in die Hand sondern etwas ganz Konkretes, etwa eine Firma, ein Budget für ein Projekt oder die Aufgabe, im Ausland zu expandieren. Nun gilt es, anhand der zur Verfügung gestellten Informationen und Möglichkeiten das Beste aus der Grundsituation zu machen.

Sie können dabei etwa Firmen kaufen, Tochterfirmen verkaufen, Geld anlegen oder Kredite aufnehmen, expandieren, neue Produkte entwickeln und so weiter. Die Grenzen werden Ihnen ebenfalls gesteckt. Das Planspiel ist eine der wenigen Aufgaben im AC, bei dem auch Ihr Fachwissen in einem gewissen Rahmen geprüft wird.

Auch das Planspiel ist als Einzel- oder Gruppenaufgabe möglich. Die Planspiele können computerunterstützt sein, müssen es aber nicht. Bei computerunterstützen Aufgaben wird direkt nach Ihren Entscheidungen, Handlungen oder Aktionen die neue Situation ermittelt, die dann die Basis für weitere Maßnahmen bildet.

Unternehmensplanspiele übergreifen fiktiv einen längeren Zeitraum, sind deshalb meist sehr umfangreich und zeitintensiv und werden invielen ACs immer seltener oder aber in Kombination mit Rollenspielen oder Ergebnispräsentationen eingesetzt. Reine Planspiele kommen meist nur bei zwei- oder mehrtägigen ACs oder bei Fortbildungsveranstaltungen für Mitarbeiter zum Zug.

WAS SIE BEI PLANSPIELEN BEACHTEN MÜSSEN

Notizen:

Fallstudien und Planspiele simulieren komplexe berufsnahe Probleme.

Es sind Einzel- oder Gruppenübungen möglich.

Die Informationsunterlagen sind meist umfangreich, bitte erst alles gründlich durchlesen.

Bei Gruppenübungen zuerst den Wissensstand aller Übungsteilnehmer angleichen.

Eine eindeutige Lösung gibt es meist nicht, deshalb nicht ewig hadern, sondern sich für einen Lösungsansatz beziehungsweise -weg entscheiden.

Gruppenübungen ähneln Gruppendiskussionen.

Bei Gruppenübungen wird Teamarbeit groß geschrieben.

Eine mündliche Ergebnispräsentation am Ende ist möglich.

Konstruktionsübungen

GETESTETE FÄHIGKEITEN

	ja	nein
Teamfähigkeit	☐	☐
Kreativität	☐	☐
Ausdauer	☐	☐
Arbeitsorganisation	☐	☐
Motivation	☐	☐

DAS ROHE EI

Auf dem Tisch vor Ihnen liegen drei Strohhalme, eine Plastiktüte, eine Rolle Klebeband und ein rohes Ei. Sie und Ihr Team sollen nun eine Konstruktion entwickeln, die es ermöglicht, das rohe Ei aus einer Höhe von drei Metern fallen und landen zu lassen, ohne dass das Ei dabei beschädigt wird.
Sie haben dafür maximal zehn Minuten Zeit.

So oder so ähnlich sehen Konstruktionsübungen aus. Für viele Kandidaten mag das Ziel offensichtlich sein: Das Ei muss unbeschadet unten ankommen. Für die Beobachter steht allerdings etwas anderes im Vordergrund. Sicherlich sollen die Teilnehmer die Übung ergebnisorientiert lösen. Doch die Assessoren legen ihr Augenmerk nicht auf das Ziel an sich sondern auf den Weg.
Konstruktionsübungen sind in der Regel Gruppenübungen. Im Vordergrund stehen dabei Ihre Teamfähigkeit sowie die Abstimmungs- und Ar-

beitsprozesse innerhalb des Teams. Für Sie bedeutet diese Gruppenübung, dass Sie in erster Linie nicht als Einzelkämpfer agieren, sondern im Team eine Lösung erarbeiten müssen.

Übernehmen Sie Führungsaufgaben

Da Sie sich dennoch profilieren und beweisen wollen, müssen Sie auf zwei Ebenen agieren. Neben der Integration ins Team sollten Sie daher zusätzlich so genannte Führungsaufgaben übernehmen, um sich vom Rest der Teilnehmer abzuheben. Das gelingt Ihnen am besten, wenn Sie zu Beginn der Bearbeitungszeit versuchen, die Übung zu strukturieren.

 STRUKTURIEREN SIE DIE ÜBUNG

Bei den meisten Aufgaben ist Zeit eine knappe Ressource, Sie haben also nicht ewig Zeit, einen Lösungsweg zu erarbeiten oder lange zu diskutieren. Prüfen Sie daher vorab das Potenzial Ihres Teams. Fragen Sie, ob einer der Kandidaten Erfahrungen mit solch einer Übung hat und sein Wissen in den Lösungsprozess einbringen kann, und erkundigen Sie sich, ob einer der Bewerber spezielle Kenntnisse hat. Ausgehend von unserer Übungsaufgabe mit dem rohen Ei wäre ein Statiker oder ein Bauingenieur sicher von Vorteil.

Gehen Sie dann wie folgt weiter vor:

- Versuchen Sie, die Lösungsvorschläge der Kandidaten zu sammeln und weniger Erfolg versprechende Lösungen auszusortieren.
- Beziehen Sie ruhige Teilnehmer mit in die Diskussion ein.
- Bringen Sie selbst einen Lösungsvorschlag ein.
- Behalten Sie dabei die Uhr im Auge: Achten Sie darauf, dass nicht zu viel Zeit für die Diskussion verwendet wird, immerhin müssen Sie den erarbeiteten Lösungsweg auch noch praktisch umsetzen.
- Versuchen Sie daher, auf ein Ergebnis hinzusteuern.

Je nach Anzahl der Kandidaten werden die Teilnehmer in mehrere Gruppen eingeteilt. Achten Sie darauf, dass Ihr Team einen eigenen Lösungsweg entwickelt und umsetzt und nicht von einem anderen Team kopiert.

ES KOMMT AUCH AUF KREATIVITÄT AN

Bei dieser Übung kommt es auch auf die Kreativität an. Selbst wenn Ihr Ei unten zerschellen sollte, ist ein eigener Entwurf bei dieser Aufgabe besser als eine geglückte Landung mit einer gestohlenen Lösung.

Sollte Ihre Konstruktion die Erwartungen nicht erfüllen, versuchen Sie dennoch eine gute Stimmung im Team zu bewahren. Zeigen Sie Selbstbewusstsein und Zuversicht. Motivieren Sie Ihre Teamkameraden, auch wenn es keinen zweiten Versuch geben wird. Sätze wie „Die Idee war gut und viel versprechend, da müsste man nur noch ein wenig daran feilen" zeigen, dass Sie motiviert sind und sich für eine Sache begeistern können.

Auf der folgenden Seite finden Sie die Checkliste: Was Sie bei Konstruktionsübungen beachten müssen.

WAS SIE BEI KONSTRUKTIONSÜBUNGEN BEACHTEN MÜSSEN

Notizen:

Konstruktionsübungen sind praktische, kreative Übungen.

Konstruktionsübungen sind oft als Teamarbeiten angelegt.

Die Lösung der Aufgabe ist wichtig, doch der Weg ist das Ziel.

Kopieren Sie keine Ideen, beweisen Sie Ihre eigene Kreativität!

Achten Sie auf die Zeit! Die Lösung muss nicht nur gefunden, sondern auch noch umgesetzt werden.

Tests

WAS WIRD GETESTET?

	ja	nein
Konzentrationsfähigkeit	☐	☐
Belastbarkeit	☐	☐
Intelligenz	☐	☐
Logisches Denken	☐	☐
Ausdauer	☐	☐
Analytisches Denken	☐	☐
Allgemeinwissen	☐	☐
Persönliche Eigenschaften	☐	☐

Tests finden in Assessment Centern immer seltener ihren Platz, ihr Stellenwert sinkt kontinuierlich. Meist werden sie nur noch eingesetzt, um den Druck auf die Bewerber während des gesamten ACs gleichmäßig hoch zu halten. Also etwa dann, wenn sich die Beobachter zur Beratung oder mit anderen Kandidaten zu einem Interview zurückziehen. Zum Einsatz kommen dabei:

- Leistungs- und Konzentrationstests
- Intelligenztests
- Persönlichkeitstests
- Fachwissenstests

Dennoch sollten Sie diese Tests nicht auf die leichte Schulter nehmen, sondern gewissenhaft lösen. Sind derartige Tests in ein AC eingebaut, dann werden Sie auch ausgewertet und fließen in die Beurteilung mit ein. Ein schlechtes Testergebnis kann dann zur Entscheidung für oder gegen Sie führen.

Die Testübungen selbst sind meist nicht sonderlich anspruchsvoll und inhaltlich gut zu lösen. Allerdings ist der vorgegebene Zeitrahmen erfahrungsgemäß sehr eng bemessen, die Fülle der Aufgaben daher nur schwer zu bewältigen. Sie sollten deshalb versuchen, ein goldenes Mittelmaß zu finden.

 HALTEN SIE SICH NICHT ZU LANGE BEI EINZELNEN AUFGABEN AUF

Halten Sie sich bei einzelnen Aufgaben nicht zu lange auf, das kostet wertvolle Zeit für den Rest der Aufgaben. Es ist besser, eine Aufgabe auszulassen, weil Sie so schnell nicht auf die Lösung kommen, als die besagte Übung nach drei Minuten zu lösen und dafür zehn andere nicht mehr zu schaffen.

Konzentrations- und Leistungstests

Im AC kommen am wahrscheinlichsten Konzentrations- und Leistungstests vor. Mit ihnen können die Kandidaten am besten unter Druck gesetzt werden, nämlich unter zeitlichen Druck. Hiermit wird nicht nur die Konzentrationsfähigkeit sondern auch die Ausdauer und Belastbarkeit der Bewerber getestet.

Arbeiten Sie die Aufgaben zügig durch. Innerhalb der einzelnen Aufgaben bzw. Aufgabenblöcke sollten Sie keine Pause einlegen, das bringt Sie aus dem Rhythmus. Die Aufgaben sind meist nicht schwer, aber sie erfordern Ihre volle Konzentration. Je aufmerksamer und konzentrierter Sie bei den jeweiligen Aufgaben vorgehen, desto mehr Übungen werden Sie lösen können.

Beispiele für Konzentrations- und Leistungstests

AUFGABE 1

Streichen Sie alle €-Zeichen aus den folgenden Zeichenreihen.

££$£€££$££$££$££$£€££$£€£££€$€£££€£££€££€£$
$£££££€£££€£££€£££€£££€££€£££€££€£££€$£
£££$€££€£$££€£££€££££€££€£££$€€$€£££€£££
£€££££€£££€£££€£££€££€€£££$£€££$£££
££$£€£€£$$€$€££££$££££$£€££$££$£££€££€£££€
£££€£$£€£€£$€$€££€£$££££€££$$£€£££$£€££$£££
££$£€£€£$€$€££££$£€££€£$€$€££€€$£€££$££€££€
£££€£££$£€£€£$€$€££££$£€£€£$£££€££$£€£££$£€£€
£$€$€££$£€££$£££€££$££$£€££$££££€£$£€££$££
£££€£££$£$££$£€£€£$€$€£££$£€£££$£££$€$£€££$£
££€££$£££€£££$£$££$£€£€£$€$€££££$£€£€£$€
$€££€£££$£€££$££€£££$£€£££$££££$£€£€£$€$€£
£$£€££$£££$£€££$££££$££$£€££$££$£££€££$€
££$£€££$£££$£€££$££££$£€££$££$£££££€££$£€
£££$£€££$££$£££€£££€££$£€£££€£££$££$£€£€£$
€$€££$££$£€££$£££$£££$££££€£££€£££€€££$£
€££$£££$££$£€££€££$£££$££$£€££$£££££$€£€££
$££$£€$£££$£££$£€££$$£££$££$£€££$$£££$££

AUFGABE 2

Welche Rechtschreibweise ist korrekt? Bitte streichen Sie die jeweils falsch geschriebenen Wörter durch.

matriarchalisch	mattiarchalisch
mathriachalisch	matriachaisch
Schwabellig	schwabelig
schwabbelig	schwabblig
dilettantisch	dilletantisch
dillettantisch	dilletanttisch

AUFGABE 3

Welcher Begriff passt nicht in die Wortgruppe?
Bitte streichen Sie den entsprechenden Begriff durch.

a) Motorrad, Moped, Vespa, Auto

b) Buch, Zeitung, Artikel, Zeitschrift

c) Fußball, Eishockey, Tennis, Basketball

d) Airline, Airport, Airbag, Airbus

e) Tomatenketchup, Tomatenmark, Tomatensoße, Tomatensuppe

f) Guyana, Ghana, Paraguay, Bolivien

g) Protestant, Katholik, Demonstrant, Protagonist

Die Lösungen finden Sie am Ende des Kapitels.

Intelligenztests

Hier steht, wie der Name schon sagt, Ihre Intelligenz, Ihr Denkvermögen, Ihr Verstand auf dem Prüfstand. Das heißt, Ihr logisches und analytisches Denken, Ihre räumliche Vorstellungskraft, Ihre Abstraktionsfähigkeit, Ihr sprachliches Verständnis sowie Ihr mathematisches Denkvermögen werden genauer betrachtet. Die Art der zu bewältigenden Aufgaben ist mannigfaltig. Wir stellen Ihnen hier eine kleine Auswahl vor.

Übungen

AUFGABE 1

Zwei Kinder haben 40 Kastanien gesammelt. In Tims Beutel befinden sich viermal so viele Kastanien wie in Laras Beutel. Wie viele Kastanien hat Lara gesammelt?

a) 12   b) 10   c) 8   d) 6   e) 5

AUFGABE 2

Was ist ein Antonym von vertikal?

a) aufrecht

b) senkrecht

c) waagerecht

d) lotrecht

AUFGABE 3

Was ist das Doppelte eines Drittels eines Viertels von 1200?

a) 600   b) 400   c) 300   d) 200   e) 100

AUFGABE 4

Vervollständigen Sie folgende Zahlenreihen

a)   34   47   60   73   ?

b)   3   4   9   12   27   36   81 ?

c)   7   17   8   19   11   23   16 ?

Persönlichkeitstests

Persönlichkeitstests sollen dazu dienen, einen Blick hinter die Fassade der Kandidaten zu werfen, auf Charakter und persönliche Einstellungen. Dabei werden den Bewerbern Aussagen vorgelegt, denen Sie zustimmen oder widersprechen sollen. In manchen Fällen müssen Sie Aussagen auch ergänzen.

Prinzipiell sollten Sie die Antworten sicherlich nach Ihren eigenen Empfindungen beantworten. Achten Sie jedoch darauf, dass Ihre Antworten nicht mit den Zielsetzungen des Arbeitgebers beziehungsweise der allgemeinen Akzeptanz kollidieren. Zeigen Sie sich in Ihren Antworten offen und tolerant, aktiv, hilfsbereit, teamfähig und dergleichen.

AUFGABE

Sie müssen nun Farbe bekennen und sagen, ob Sie den jeweiligen Aussagen zustimmen oder nicht:

- Ein Sieg ist mehr wert als ein Kompromiss.
- Die meisten Menschen verhalten sich nur aus Angst vor einer Strafe korrekt.
- Tagträume beflügeln die Kreativität.

- Viele Köche verderben den Brei.
- Bei einer wichtigen Arbeit lasse ich mir Zeit.
- Bei einer wichtigen Arbeit lasse ich mich nur ungern unterbrechen.
- Es macht mir Spaß, mit anderen Menschen zu reden.
- Hat mich ein bestimmtes Produkt überzeugt, bleibe ich diesem treu.
- Obrigkeitstreue bringt einen nicht voran.
- Könnte ich mein Leben noch einmal von vorne beginnen, würde ich vieles anders machen.
- Kleine Lügen, die niemandem schaden, sind erlaubt.

Testfragen zum Allgemeinwissen

Fragen zum Allgemeinwissen sollen in der Regel das Erscheinungsbild des Kandidaten abrunden. Meist stammen die Fragen aus den Bereichen Politik, Geschichte, Wirtschaft, Kultur, Geographie oder den Naturwissenschaften. Neben den klassischen Frage-Antwort-Tests können auch sogenannte Multiple-Choice-Fragen zum Zuge kommen.

BEISPIELFRAGEN

- Nennen Sie fünf bedeutende Ökonomen.
- Nennen Sie fünf deutsche Philosophen.
- Nennen Sie fünf Werke von William Shakespeares.
- Nennen Sie drei Werke von Günter Grass.
- Nennen Sie drei lateinische Sprichwörter und deren deutsche Übersetzung.

- Nennen Sie drei Werke von Richard Wagner.
- Nennen Sie fünf Meilensteine der Geschichte samt Jahreszahl.
- Nennen Sie drei anorganische Säuren.
- Nennen Sie die drei längsten Flüsse Deutschlands.
- Nennen Sie fünf Richtungen in der Malerei des 19. Jahrhunderts.

Fachwissenstests

Tests, die spezielles Fachwissen abfragen, kommen im Rahmen von ACs nur sehr selten vor. Sie sind meist genau auf die zu besetzende Stelle zugeschnitten und sollen klären, ob Sie auf fachlicher Ebene für die Stelle qualifiziert sind.

Die meisten Unternehmen klären aber bereits im Vorfeld eines ACs ab, ob Ihre fachlichen Qualifikationen ausreichen, etwa anhand Ihrer Ausbildung und Berufserfahrung. Manche Arbeitgeber überprüfen Schlüsselqualifikationen wie Fremdsprachenkenntnisse etc. per Telefoninterview, Onlinetest oder einem kurzen Vorstellungsgespräch.

WAS SIE BEI TESTS IM ASSESSMENT CENTER BEACHTEN MÜSSEN

Notizen:

Tests kommen in ACs eher selten vor. Wenn doch, dann sollen sie meist den Druck auf die Bewerber aufrechterhalten.

Ausdauer, Belastbarkeit und Konzentrationsfähigkeit stehen bei Tests auf dem Prüfstand.

Zum Einsatz kommen:

- Leistungs- und Konzentrationstests
- Intelligenztests
- Persönlichkeitstests
- Fachwissenstests

Arbeiten Sie konzentriert.

Arbeiten Sie die Tests zügig und ohne Unterbrechung durch, denn die Zeit ist knapp.

Lösungen zu den einzelnen Aufgaben in diesem Kapitel

Konzentration- und Leistungstest

Aufgabe 1

Bitte selbst überprüfen!

Aufgabe 2

matriarchalisch	~~schwabellig~~	~~dilletantisch~~
~~mattiarchalisch~~	~~schwabelig~~	dilettantisch
~~mathriachalisch~~	schwabbelig	~~dillettantisch~~
~~matriachaisch~~	~~schwabblig~~	~~dilletantisch~~

Aufgabe 3

a) Motorrad b) Artikel c) Tennis
d) Airbag e) Tomatenmark f) Ghana
g) Katholik

Intelligenztest

Aufgabe 1: Lösung c
Aufgabe 2: Lösung c
Aufgabe 3: Lösung d
Aufgabe 4: a) 86 b) 108 c) 29

Aufsätze

	WAS WIRD GETESTET?	
	ja	nein
Schriftliches Ausdrucksvermögen	☐	☐
Strukturiertes Denken	☐	☐
Analytisches Denken	☐	☐
Argumentationsstärke	☐	☐
Überzeugungsfähigkeit	☐	☐
Allgemeinbildung	☐	☐
Selbsteinschätzung	☐	☐
Rechtschreibung	☐	☐
U. U. Handschrift	☐	☐

Ähnlich wie Testaufgaben spielen Aufsätze in Assessment Centern in der Regel eine eher untergeordnete Rolle. Meist werden auch sie nur noch eingesetzt, um den Druck auf die Bewerber während des gesamten ACs gleichmäßig hoch zu halten.

Sollten Sie sich für eine Stelle im Bereich Marketing, Public Relations oder für eine journalistisch geprägte Stelle (z. B. Pressestelle, Redaktionen, Unternehmenskommunikation) bewerben, sollten Sie jedoch damit rechnen, dass Aufgaben dieser Art einen wichtigen Anteil an Ihrer Gesamtbeurteilung einnehmen. Immerhin spielt in diesen Berufsfeldern das schriftliche Ausdrucksvermögen im Berufsalltag eine wesentliche Rolle. Derartige Aufgaben können dann im AC vorkommen, müssen es aber nicht.

Unabhängig von Thema und Stellenwert der Aufsätze innerhalb des ACs sollten Sie diese Aufgabe dennoch nicht auf die leichte Schulter nehmen, sondern ebenso gewissenhaft bearbeiten wie all die anderen Übungen. Denn die Ergebnisse fließen ebenfalls in die Beurteilung mit ein und zeichnen ein Bild Ihrer Fähigkeiten, Sichtweisen, Ihrer Persönlichkeit sowie Ihrer Motivation. Eine schlechte Leistung kann dann die Entscheidung für oder gegen Sie ausmachen.

Themen

Die Themen können auch bei dieser Prüfungsaufgabe weit gestreut sein, etwa

- wirtschaftliche, politische oder gesellschaftliche Themen,
- persönliche Einschätzungen,
- Allgemeinwissen oder
- berufsnahe Themen.

Wird konkret gefragt, welche Fähigkeiten Sie für die Stelle qualifizieren, gleicht das einer kleinen Selbstpräsentation. Dann gehören Ihre berufliche Erfahrung, Ihre Ausbildung und Ihre Stärken in den Aufsatz. Belegen Sie diese stets mit einem Beispiel und bauen Sie einen Zusammenhang zum Unternehmen beziehungsweise der Stelle auf, die zu besetzen ist. Wenn Sie Ihre Selbstpräsentation sorgfältig vorbereitet haben, sind Sie hier definitiv im Vorteil.

Struktur und Aufbau

Aufsätze im Rahmen eines ACs sollten Sie strukturiert angehen. Schreiben Sie nicht munter darauf los. Machen Sie sich vorab ein paar Gedanken zum Thema, ein so genanntes Brainstorming. Schreiben Sie alle Punkte auf, die Ihnen zum Thema einfallen. Es empfiehlt sich, nicht alle Punkte und Argumente in den Text aufzunehmen, entscheiden Sie sich für die wichtigsten beziehungsweise aussagekräftigsten Argumente. Bei berufsbezogenen Themen sollten Sie sich auch Gedanken darüber machen, warum das Unternehmen dieses Thema ausgesucht hat und welche Relevanz es für den Arbeitgeber oder die ausgeschriebene Stelle hat.

Um eine Struktur in Ihren Aufsatz zu bekommen, sollten Sie die wichtigsten Ergebnisse Ihres Brainstormings nehmen und sich auf eine Kernaussage festlegen. Vergleichen Sie hierzu unsere Empfehlungen für den Aufbau eines mündlichen Vortrags im Kapitel „Präsentationen und Vorträge".

Der Aufbau des Aufsatzes sollte klassisch aus drei Teilen bestehen, Einleitung, Hauptteil und Schluss:

- In der Einleitung nennen Sie das Thema, stellen es in einen Zusammenhang und formulieren die Ausgangsfrage, beispielsweise: „Teamarbeit bildet heute in vielen Unternehmen die Basis des Erfolgs. Doch wann ist Teamarbeit tatsächlich erfolgreich?"

- Im Hauptteil kommen Sie auf Ihre Punkte und Ihre Kernaussage zu sprechen. Vermischen Sie dabei nicht einzelne Argumentationsgänge miteinander. Arbeiten Sie stattdessen Ihre Punkte nach und nach ab, so entsteht kein Chaos in Ihrem Aufsatz.

- Im Schlussteil fassen Sie Ihren Text noch einmal kurz zusammen. Greifen Sie dafür die Ausgangsfrage auf und beantworten Sie diese. Wenn es das Thema bietet und Sie sich das zutrauen, können Sie auch einen Ausblick in zukünftige Entwicklungen geben.

Doch hängen Sie sich nicht zu weit aus dem Fenster. Eine Zusammenfassung am Ende reicht in den meisten Fällen vollkommen aus, es sei denn, Sie werden in der Aufgabenstellung ausdrücklich gebeten, eine Einschätzung abzugeben.

Bei dieser Übung mag sicherlich Ihr sprachliches Ausdrucksvermögen auf dem Prüfstand stehen. Doch das bedeutet nicht, dass Sie sich verkünsteln sollen. Vermeiden Sie Schachtelsätze oder einen komplizierten Satzbau. Das senkt in der Regel die Lesefreundlichkeit des Textes und wirkt sich daher eher negativ aus. Bilden Sie stattdessen kurze, aussagekräftige aber verständliche Sätze.

Optisches Erscheinungsbild

Ihr Aufsatz muss inhaltlich überzeugen, das ist klar. Allerdings sollte er auch äußerlich keinem Schmierzettel gleichen, den Sie gerade eben zur Hand hatten. Sie sollten daher

- leserlich schreiben,
- die Seiten nummerieren,
- ein Deckblatt mit Namen und Thema beifügen,
- einen breiten Rand für Kommentare der Beobachter lassen,
- Absätze und Überschriften einbauen, um die Lesbarkeit zu erhöhen, gegebenenfalls auch etwas auflisten und
- nachdenken bevor Sie einen Satz schreiben, um durchgestrichene Sätze, Satzteile oder Abschnitte zu vermeiden.

BEISPIELE FÜR THEMEN

- Was verstehen Sie unter Teamarbeit?
- Welche Soft Skills muss eine Führungskraft in sich vereinen und warum?

- Was spricht für Sie als Bewerber?
- Warum möchten Sie bei unserem Unternehmen anfangen?
- Folgendes Zitat wird Friedrich von Schiller zugeschrieben. „Wer gar zu viel bedenkt, wird wenig leisten." Inwieweit stimmen Sie Friedrich von Schiller zu?

WAS SIE BEI AUFSÄTZEN BEACHTEN MÜSSEN

Notizen:

Aufsätze sollen vor allem Ihr sprachliches Ausdrucksvermögen testen.

Aufsätze werden meist zur Überbrückung von Leerlaufzeiten eingesetzt, spielen daher eine eher untergeordnete Rolle.

Für Bewerbungen in journalistischen oder ähnlichen Bereichen sind Aufsätze hingegen ein wichtiger Bestandteil der Gesamtbeurteilung.

Themenauswahl:

- berufsnahe Themen
- Themen zur Allgemeinbildung
- persönliche Einschätzungen

Schreiben Sie nicht wild darauf los. Machen Sie erst ein kurzes Brainstorming und strukturieren Sie den Aufbau Ihres Aufsatzes.

Struktur und Aufbau:

- Einleitung (Themeneinführung, Fragestellung)
- Hauptteil (Kernaussage)
- Schluss (Zusammenfassung)

Vermeiden Sie Schachtelsätze und zu viele Fachtermini. Bilden Sie kurze, verständliche und aussagekräftige Sätze.

Achten Sie auf das optische Erscheinungsbild:

- Schreiben Sie leserlich.
- Fügen Sie ein Deckblatt mit dem Thema des Aufsatzes sowie Ihrem Namen ein.
- Nummerieren Sie die Seiten.

Selbst- und Fremdeinschätzung

WAS WIRD GETESTET?		
	ja	nein
Selbsteinschätzung	☐	☐
Reflexionsfähigkeit	☐	☐
Kritikfähigkeit	☐	☐
Objektivität	☐	☐

In manchen Assessment Centern werden Sie gegen Ende der Veranstaltung, etwa im Interview, oder nach einzelnen Übungen gebeten, Ihre und/oder die Leistung Ihrer Mitbewerber zu bewerten.

Sicherlich ist die Verlockung groß, sich selbst sehr positiv und den Rest der Kandidaten in einem schlechten Bild erscheinen zu lassen. Allerdings kommen Sie damit bei dieser Übung nicht weiter.

Ziel dieser Übung, die im ersten Augenblick vielleicht gar nicht nach einer AC-Aufgabe aussieht, ist es, die Selbsteinschätzung und Reflexionsfähigkeit der Kandidaten zu testen. Kann der Teilnehmer sich und sein Verhalten reflektieren beziehungsweise weitgehend objektiv die übrigen Teilnehmer beurteilen? Verherrlicht er seine eigene Leistung? Oder ist er ein Skeptiker, der sich selbst nichts zutraut?

Die Aufgabe hat im AC durchaus ihre Berechtigung, immerhin soll der spätere Mitarbeiter in der Lage sein, die Leistung anderer Mitarbeiter zuverlässig einzuschätzen oder den Verlauf von Verhandlungen, Meetings oder Konferenzen entsprechend beurteilen zu können. Aber er muss auch in der Lage sein, seine eigene Leistung und seine Möglichkeiten realistisch einzuschätzen.

Selbsteinschätzung

Deshalb ist es nicht ratsam, sich selbst über alle Maßen zu loben. Seien Sie aber auch nicht zu zurückhaltend, stellen Sie Ihr Licht nicht unter den Scheffel. Das lässt Sie selbstzweiflerisch und unsicher erscheinen. Am besten ist es, wenn Sie tatsächlich versuchen, Ihre Leistung weitgehend objektiv zu beurteilen.

Wenn man Sie bittet, Ihre Leistung des gesamten Tages zu bewerten, so beginnen Sie am besten mit den Übungen, die Sie Ihrer Meinung nach am besten absolviert haben und arbeiten sich Stück für Stück zu den weniger guten Übungen vor. Warum? Angesichts des Zeitdrucks stehen die Chancen gut, dass Sie zu Ihren schlechten Leistungen erst gar nicht kommen. Die guten liegen dann aber schon einmal auf dem Tisch. Es wäre ärgerlich, wenn es andersrum wäre.

Sollten dennoch die Aufgaben zur Sprache kommen, bei denen Sie weniger gut abgeschnitten haben, müssen Sie darauf achten, spätestens am Ende auch etwas anzumerken, das Sie aus Ihrer Sicht ganz gut gemacht haben. Ansonsten bleibt der Eindruck der schlechten Leistung bei den Beobachtern haften.

Versuchen Sie daher während des gesamten Auswahlverfahrens, nach jeder Übung kurz zu reflektieren, was Sie gut gemacht haben, anstatt sich nur über die eigenen Fehler zu ärgern.

Fremdeinschätzung

Bei der Fremdeinschätzung sollen Sie tatsächlich die übrigen Kandidaten bewerten. Sie sollen die Mitbewerber entweder ganz konkret bewerten, im Hinblick auf eine Übung. War der Kandidat in dieser Übung überzeugend?

Fremdeinschätzung

War er ein guter Teamplayer, Vorgesetzter und so weiter? Es kann aber auch vorkommen, dass Sie die übrigen Bewerber in eine so genannte Ranking-Liste einordnen sollen. Wer hat bei dieser Übung am besten abschnitten, wer belegt den zweiten Platz, welchen Platz belegen Sie, wer war der schlechteste Kandidat? Die Fragen fallen zu Beginn der Aufgabe meist noch harmlos aus, steigern sich dann aber kontinuierlich.

Typische Fragen der Beobachter

- Wie haben Sie die Stimmung während der Diskussion empfunden?
- Haben Sie sich während der Präsentation wohl gefühlt?
- Was haben Sie vermisst?
- Was hätte besser sein können?
- Was hätten Sie besser machen können?
- Welcher Kandidat hat Sie überzeugt?
- Welcher Kandidat hat Ihrer Meinung nach die beste Figur gemacht? Welcher Kandidat die schlechteste?
- Von welchem Kandidaten würden Sie einen Gebrauchtwagen kaufen?
- Würden Sie von Bewerber A ein Auto kaufen?
- Welchem Kandidaten würden Sie in einer Extremsituation, etwa einer gefährlichen Bergwanderung, vertrauen?
- Mit welchem Kandidaten würden Sie in eine Wohngemeinschaft ziehen?
- Welchen Kandidaten würden Sie für die Besetzung der Stelle auswählen? Und warum?

Selbst- und Fremdeinschätzungen werden von den Beobachtern auch gerne dazu genutzt, um den über den Tag gewonnen Eindruck über die einzelnen Kandidaten noch einmal zu verifizieren, gegebenenfalls auch zu überdenken und zu ändern.

 WORAUF SIE BEI DER SELBST- UND FREMDEINSCHÄTZUNG ACHTEN

Notizen:

Hier wird Ihre Reflexionsfähigkeit geprüft.

Seien Sie bei Ihrer Selbst- und Fremdeinschätzung weitgehend objektiv.

Färben Sie Ihre Leistung nicht unglaubwürdig schön, stellen Sie Ihr Licht aber auch nicht unter den Scheffel.

Beginnen Sie mit Ihren guten Leistungen.

Leugnen Sie offensichtliche Lücken oder Schwächen in Ihrer Vita nicht. Gehen Sie offensiv damit um.

Belasten Sie sich nicht unnötig, machen Sie Ihren Interviewpartner nicht auf Ihre Schwächen oder Lücken aufmerksam.

Beurteilen Sie die anderen Teilnehmer möglichst objektiv, Sie schaden sich sonst selbst am meisten.

Interview

WAS WIRD GETESTET?

	ja	nein
Selbsteinschätzung	☐	☐
Leistungsmotivation	☐	☐
Kommunikationsfähigkeit	☐	☐
Sprachliches Ausdrucksvermögen	☐	☐
Auftreten, Ausstrahlung, Ausdrucksvermögen	☐	☐
Kritikfähigkeit	☐	☐

Das Interview innerhalb eines Assessment Centers lehnt sich an ein klassisches Vorstellungsgespräch an und wird meist von Personalentscheidern oder leitenden Angestellten des Unternehmens geführt. In der Regel ist das Interview eine der letzten Stationen des Auswahlverfahrens. Nun möchte der Arbeitgeber wissen, ob sich die von Ihnen erbrachten Leistungen und Ergebnisse während des Assessment Centers auch im persönlichen Eindruck widerspiegeln.

Meist entspricht das Interview einem Frage-Antwort-Spiel. Ihr Interview-Partner fragt und Sie antworten. Allerdings erhalten Sie gegen Anfang oder Ende des Interviews meist selbst noch die Möglichkeit, ein paar Fragen zu stellen. Diese Gelegenheit sollten Sie nicht auslassen.

> **BEREITEN SIE SELBST EIN PAAR FRAGEN VOR!**
>
> Sie sollten mit Hinblick auf das Interview nicht nur Ihre Antworten vorbereiten, sondern sich auch ein paar Fragen überlegen, die Sie bei Nachfrage Ihres Interviewpartners stellen können. Am besten sind ein bis zwei Fragen zum Unternehmen oder der ausgeschriebenen Stelle. Sie können dabei etwa nach Fortbildungsmaßnahmen fragen oder danach, wie sich eine Karriere im Unternehmen in der Regel entwickelt.

Bei vielen Unternehmen wird das Interview von Personalentscheidern geführt, d.h. Ihr Interview-Partner entscheidet oft auch, ob Sie ein Angebot erhalten oder nicht. Ihm liegen in der Regel die gesamten Ergebnisse Ihrer Leistungen im Assessment Center sowie eine entsprechende Entscheidungsempfehlung, zumindest aber eine Leistungsbeurteilung vor.

Im Interview noch einmal alle Kohlen aus dem Feuer zu reißen, ist daher sehr schwer, wenn man sich in den Übungen zuvor nicht behaupten konnte. Andererseits kommt es dagegen schon vor, dass Sie sich mit einem schlechten Interview auf der Zielgeraden doch noch ins Abseits manövrieren.

Das Interview ist deshalb nicht zu unterschätzen und sollte gut vorbereitet sein. Jeder Interview-Partner legt seine Schwerpunkte zwar anders, dennoch können Sie sich vorab ganz gut vorbereiten.

Stärken-Schwächen-Analyse

In nahezu jedem Interview wird man Sie nach Ihren Stärken und Schwächen fragen. Auch wenn es auf den ersten Blick nicht förderlich erscheinen mag, die eigenen Schwächen preiszugeben, so wird dies doch von Ihnen erwartet. Jeder Mensch hat Schwächen und nur wer in der Lage ist, die eigenen Schwächen und Schwachstellen zu erkennen, kann entsprechend damit umgehen.

Wenn Sie eine Ihrer Schwächen nennen, binden Sie diese am besten in ein Beispiel ein. Vermeiden Sie dabei Superlative (z. B. sehr, besonders etc.). Die Schwäche an sich genügt schon, Sie müssen sie nicht noch verstärken. Versuchen Sie stattdessen, Ihre Schwäche zu relativieren (manchmal, ein wenig etc.).

Am besten ist es natürlich, wenn es Ihnen gelingt, Ihre Schwäche am Ende positiv aussehen zu lassen.

Für den Fall der Fälle sollten Sie zwei Schwächen auswählen und vorbereiten. Eine zweite Schwäche sollten Sie allerdings nur auf ausdrückliche Nachfrage nennen.

Schwächen, die durchaus etwas Positives in sich bergen können:

- „Ich bin manchmal zu neugierig. Ich möchte alles ganz genau wissen, bis ins kleinste Detail."

- „Ich bin manchmal ungeduldig. Ich kann es nicht leiden, wenn sich etwas unnötig in die Länge zieht oder jemand bei einer wichtigen Sache trödelt."

- „Ich bin vielleicht etwas zu kompromissbereit. Ich gehe manchmal zu schnell auf Kompromisse ein, nur um eine Sache nicht ganz scheitern zu lassen."

Allerdings sollten Sie Ihre eigenen Schwächen nennen und nicht auf eine der oben genannten zurückgreifen. Das würde wenig authentisch wirken, denn viele Personalentscheider kennen diese Schwächen und die dazugehörige Relativierung bereits.

Auf der anderen Seite sollten Sie natürlich auch Ihre Stärken vorbereiten. Achten Sie darauf, dass die von Ihnen genannten Stärken eine berufliche Komponente haben.

BEISPIELE FÜR STÄRKEN MIT BERUFLICHER KOMPONENTE

- Verantwortungsbewusstsein
- Durchsetzungsvermögen
- Kontaktstärke
- Ausdauer, Belastbarkeit
- Teamfähigkeit
- Entscheidungsfreude
- Leistungsbereitschaft
- Analytisches Denken
- Kreativität
- Engagement
- Aufgeschlossenheit
- Einfühlungsvermögen

Auch Ihre Stärken sollten Sie in ein Beispiel, am besten in einen beruflichen Kontext, einbinden. Allerdings sollte sich das Beispiel auch anhand Ihres Lebenslaufes nachvollziehen lassen. Von Qualitäten im Bereich Mitarbeiterführung oder Mitarbeitermotivation zu sprechen, wenn Sie bislang gar keine Personalverantwortung inne hatten oder Berufsanfänger sind, ist wenig überzeugend. Es gilt: Ihre Stärken sollten authentisch sein, ansonsten lassen sie sich nur schwer vermitteln.

Leistungsmotivation

Ihr potenzieller neuer Arbeitgeber ist natürlich daran interessiert, einen motivierten und leistungsbereiten Mitarbeiter einzustellen und wird Sie dazu auch im Interview befragen. Stellen Sie sich zur Vorbereitung doch einmal folgende (Karriere orientierte) Fragen:

- Was treibt Sie an?
- Wo wollen Sie hin?
- Was wollen Sie erreichen und warum?
- Wie wollen Sie Ihre Ziele erreichen?

Nur ein Mitarbeiter, der weiß was er will und eine Vorstellung davon hat, wie er das erreicht, was er sich vorgenommen hat, erweckt den Eindruck, eine Führungspersönlichkeit zu sein oder einmal eine zu werden. Ein „Naja-schauen-wir-mal"-Mitarbeiter ist wenig verheißungsvoll. Machen Sie sich Gedanken über Ihre Ziele, Ihre Motivation und Ihre Zukunft und achten Sie darauf, dass Sie dies im Interview auch überzeugend vermitteln. Auswendig gelernte Antworten bringen Sie nicht weiter, zumal Sie dann nur schwer auf Zwischenfragen reagieren können.

Sprachliches Ausdrucksvermögen

Ihre Antworten sind natürlich auch ein Spiegelbild Ihres sprachlichen Ausdrucksvermögens. Können Sie sich klar und verständlich ausdrücken? Können Sie Ihre Gedanken in der Kürze der Zeit sammeln, ordnen, aufbereiten und entsprechend vermitteln? Kann man Ihren Ausführungen folgen, verheddern Sie sich in Schachtelsätzen oder verlieren gar den Faden? Auch das sind Fragen und Kriterien, nach denen Sie während des Interviews bewertet werden.

Körpersprache

Achten Sie während des Interviews auf Ihre Körpersprache, denn diese sagt nahezu genauso viel aus wie Ihre Antworten. Sie können nicht behaupten, ein aufgeschlossener Mensch zu sein, der sich gerne an neue

Aufgaben und Herausforderungen heranwagt, wenn Sie mit verschränkten Armen oder einem ängstlichen Gesichtsausdruck Ihrem Interviewpartner gegenübersitzen. Genauso wenig überzeugend ist es, wenn Sie sich als ruhigen und besonnen Menschen darstellen, dessen Stärke es ist, rational an die Lösung von Problemen heranzugehen und dabei nervös auf dem Stuhl herumrutschen, intensiv gestikulieren oder aufbrausend auf provokante Fragen reagieren.

Versuchen Sie, im Interview nicht negativ durch Ihre Körpersprache aufzufallen. Achten Sie darauf,

- locker, entspannt aber aufrecht zu sitzen.
- Arme und Beine nicht zu verschränken.
- nicht auf dem Stuhl herumzurutschen.
- nicht zu wippen.
- nicht zu intensiv zu gestikulieren.
- bei Fragen nicht die Stirn zu runzeln oder mit anderen negativen Mimiken zu reagieren.
- sich Ihrem Gesprächspartner zuzuwenden und nicht auf den Boden oder aus dem Fenster zu schauen.
- Ihren Interviewpartner anzusehen, wenn er mit Ihnen spricht oder Ihnen eine Frage stellt.
- allen Interviewpartnern Ihre Aufmerksamkeit zu schenken. Schauen Sie sie abwechselnd immer wieder an. Das gilt vor allem für diejenigen, die gar nicht mit Ihnen sprechen sondern nur zuhören. Diese sollten sich auf keinen Fall ausgeschlossen oder ignoriert fühlen.
- bei Fragen zu nicken, es sei denn Sie haben die Frage nicht verstanden.
- nicht nervös mit Händen oder Füßen zu trommeln.

Körpersprache

- die Hand nicht vor den Mund zu halten, während Sie sprechen. Das sieht nicht nur unhöflich aus, Sie werden möglicherweise auch schlecht oder gar nicht verstanden.
- nicht an den Fingernägeln zu kauen oder mit Ihren Haaren zu spielen.
- ab und zu zu lächeln. Das entspannt die Situation und Ihre Gesichtsmuskeln.

ÜBUNG: KÖRPERSPRACHE

Überlegen Sie, woran man bei Ihnen erkennt, dass Sie nervös sind? Nehmen Sie die Hand in den Nacken? Fassen Sie sich ständig ans Ohr? Kratzen Sie sich am Kopf? Kauen Sie an den Fingernägeln oder Ihren Lippen? Wenn Sie es nicht genau wissen, fragen Sie Freunde und Bekannte. Versuchen Sie im Interview daran zu denken, diese Gesten zu unterdrücken.

Ihre Körpersprache drückt sich allerdings nicht nur durch ihr körperliches Verhalten aus, sondern auch durch Ihre Sprache selbst – in Tonfall, Geschwindigkeit und Lautstärke. Achten Sie darauf, dass Sie langsam und deutlich sprechen, dann verhaspeln Sie sich nicht so schnell und haben beim Sprechen auch etwas mehr Zeit um nachzudenken. Zudem wirken Sie (selbst)sicherer, souveräner und der Situation durchaus gewachsen.

ÜBERLEGENHEIT KOMMT NICHT GUT AN

Sollten Sie sich Ihrem Gegenüber aus welchen Gründen auch immer überlegen fühlen, lassen Sie ihn das auf keinen Fall spüren. Halten Sie sich mit überheblichen oder abschätzenden Bemerkungen auf jeden Fall zurück.

Welche Fragen erwarten Sie im Interview?

Die Fragen im Interview werden nicht immer wieder neu erfunden, sie werden nur anders formuliert oder haben einen anderen Schwerpunkt.

Zur Vorbereitung ist es daher sinnvoll, ein paar Fragen für sich selbst auszuformulieren. Dies sollte immer nur mündlich geschehen. Notieren Sie sich lediglich die wichtigsten Schlagwörter. Achten Sie darauf, dass Sie die Fragen sachlich, nüchtern und präzise beantworten. Ausschweifende Antworten sind wenig gefragt. Sonst entsteht der Eindruck, Sie könnten nicht zum Punkt kommen oder würden um den heißen Brei herumreden, weil Sie eigentlich nicht wissen, was Sie sagen sollen.

Wir haben Ihnen einige Fragen zusammengestellt, mit denen Sie im Interview rechnen sollten:

BEISPIELE FÜR FRAGEN ZU IHREM LEBENSLAUF

- Würden Sie Ihre Ausbildung noch einmal so gestalten?
- Welche Erfahrungen haben Sie im Ausland sammeln können?
- Wie beurteilen Sie Ihren bisherigen Werdegang?
- Wieso wollen Sie sich beruflich neu orientieren?
- Wieso wollen Sie Ihren derzeitigen Arbeitgeber verlassen?

BEISPIELE FÜR FRAGEN ZU IHRER SOZIALEN KOMPETENZ

- Was verstehen Sie unter Mitarbeitermotivation?
- Wo sehen Sie die Stärken einer Teamarbeit?
- Wie sieht Ihrer Meinung nach ein effektives Arbeitsklima aus?
- Wie gehen Sie mit Problemen mit Mitarbeitern um?
- Wie fühlen Sie sich, wenn Sie vor einer Gruppe sprechen müssen?

- Wie setzen Sie Ihre Ziele durch?
- Wo sehen Sie Ihre Führungsqualitäten?
- Wann und wie haben Sie diese bislang unter Beweis stellen können? Geben Sie uns doch ein bis zwei Beispiele.

BEISPIELE FÜR FRAGEN ZU IHRER BERUFLICHEN ERFAHRUNG

- Welche Erfahrungen haben Sie mit Projektarbeit?
- Was würden Sie als Ihren bislang größten beruflichen Erfolg bezeichnen?
- Wo sehen Sie sich in den nächsten zwei, vier, fünf Jahren? Beruflich gesehen.

BEISPIELE FÜR FRAGEN ZU ZIELEN UND LEISTUNGSMOTIVATION

- Warum bewerben Sie sich bei unserem Unternehmen?
- Warum bewerben Sie sich um diese Stelle?
- Welche Erwartungen haben Sie an diese Stelle?
- Wie motivieren Sie sich?

Lücken und Schwachstellen

Wenn Sie Lücken, Schwachstellen oder Unstimmigkeiten im Lebenslauf haben, sollten Sie darauf vorbereitet sein, dass diese sicherlich angesprochen werden. Entschuldigen Sie sich nicht für Ihre Schwachstellen, stehen Sie dazu. Gehen Sie offensiv mit ihnen um, erklären Sie gegebenenfalls, warum Sie welche Entscheidungen getroffen haben oder wie Ihre Lücken und Schwachstellen entstanden sind.

Seien Sie nicht überrascht, wenn Ihr Gesprächspartner einige Fragen negativ oder provokant formuliert. Damit soll meist getestet werden, ob Sie leicht aus der Ruhe zu bringen sind oder schnell aggressiv reagieren.

BEISPIELE FÜR PROVOKANTE, HERAUSFORDERNDE FRAGEN

- Was spricht gegen Sie als Kandidat?
- Was würden Sie als Ihren bislang schmerzlichten Misserfolg in Ihrer beruflichen Karriere bezeichnen?
- Was würden Sie an sich ändern?
- Wo sehen Sie Ihre Schwächen und Defizite?
- Was bringt Sie aus der Fassung?
- Welche Eigenschaften mögen Sie an sich nicht?
- Welche Eigenschaften mögen Sie an Ihren Mitarbeitern oder Vorgesetzten nicht?
- Welche Ihrer Eigenschaften würden Sie gerne ändern? Haben Sie das bislang versucht? Mit welchem Erfolg?

Versuchen Sie, möglichst viele dieser Fragen vorab schon einmal zu beantworten, am besten natürlich alle.

Bereiten Sie Ihre Antworten vorrangig mündlich vor!

Notieren Sie sich Ihre Antworten stichwortartig und formulieren Sie sie mehrfach mündlich und frei aus. Dadurch werden Sie sicherer. Schriftlich vorformulierte Antworten hören sich auswendig gelernt an und lassen Ihnen bei Zwischenfragen nur wenig Spielraum. Wenn Sie hingegen Ihre Stichworte im Kopf und die Formulierungen frei geübt haben, können Sie schneller wieder in Ihre Argumentationslinie zurückfinden.

Vermutungen und (fingierte) Vorwürfe

Eine weitere beliebte Form der Befragung ist, Sie mit so genannten Vermutungen, Vorwürfen oder persönlichen Angriffen bezüglich (möglicher) Schwächen Ihrerseits zu provozieren. Ihr Interviewpartner erzeugt dabei die Annahme, er sehe diese Schwächen aus Ihren Leistungsergebnissen der vorangegangenen Übungsaufgaben oder aus Ihrem Lebenslauf oder habe im persönlichen Gespräch diesen Eindruck gewonnen.

Aussagen dieser Art sollten Sie auf jeden Fall entschärfen beziehungsweise ins Positive wandeln. Dass es sich bei den Vorwürfen und Unterstellungen meist nur um Provokationen handelt, erkennen Sie an der Formulierung. Nehmen Sie diese Fragen nicht persönlich, sie sind lediglich ein Prüfungsinstrument.

BEISPIELE FÜR VERMUTUNGEN UND VORWÜRFE

- Sie scheinen mit Kritik nicht sonderlich gut umgehen zu können!
- Ausdauer gehört wohl nicht zu Ihren Stärken!
- Problemen gehen Sie ja lieber aus dem Weg!
- Sie verhalten sich Mitarbeitern gegenüber schon sehr herablassend und überheblich!
- Sie nehmen es mit Zeitvorgaben und Terminen aber nicht so genau!
- Mit Vorgesetzten kommen Sie eher schlecht aus.
- Sie scheinen nicht sonderlich zielstrebig zu sein!

Fragen nach Ihrer Gesundheit

Grundsätzlich gilt: Der Arbeitgeber darf Fragen nach Ihrer Gesundheit nur dann stellen, wenn diese unmittelbar in direkter Verbindung mit der ausgeschriebenen Stelle stehen.

Nach dem Interview

Unabhängig davon, ob Sie die Stelle angeboten bekommen oder nicht, ist es empfehlenswert, sich nach dem Interview einige Notizen zu machen und das Gespräch zu analysieren. Abgesehen davon, dass im Zuge der beruflichen Weiterentwicklung ein nächstes Interview im Rahmen eines Assessment Centers sicherlich irgendwann wieder ansteht, können Sie eine

Menge über sich lernen und somit einigen Nutzen für Ihre weitere berufliche Entwicklung aus dem Gespräch ziehen.

WAS SIE BEI INTERVIEWS BEACHTEN MÜSSEN

Notizen:

Das Interview bildet meist den Abschluss des ACs.

Das Interview ist in der Regel ein Frage-Antwort-Spiel zwischen Ihnen und einem Personalentscheider.

Fragen zu folgenden Bereichen werden gestellt:

- Lebenslauf
- soziale Kompetenz
- berufliche Erfahrung
- berufliche Ziele
- Leistungsmotivation

Achten Sie auf Ihre Körpersprache.

Bereiten Sie sich auf die Schwächen-Stärken-Analyse vor.

Bleiben Sie ruhig, auch wenn man Sie provozieren möchte.

Bereiten Sie mindestens ein bis zwei Fragen vor, die Sie wiederum Ihrem Interviewpartner stellen können.

Online-Assessment

WAS WIRD GETESTET?

	ja	nein
Konzentrationsfähigkeit	☐	☐
Leistungsmotivation	☐	☐
Belastbarkeit, Ausdauer	☐	☐
Intelligenz	☐	☐
Logisches Denken	☐	☐
Analytisches Denken	☐	☐
Allgemeinwissen	☐	☐
Persönliche Eigenschaften	☐	☐
Kritikfähigkeit	☐	☐

Das Online-Assessment ist in den meisten Fällen eine Vorstufe des eigentlichen ACs. Manche Unternehmen lassen die Bewerber ein Online-Assessment absolvieren, um bereits eine Vorauswahl der Kandidaten zu treffen. Das gilt in der Regel allerdings nur für Hochschulabsolventen und so genannte Young Professionals. Führungskräfte werden meist nicht mehr durch solch eine elektronische Vorauswahl geschleust.

Online bewerben

Gewöhnlich bewerben sich die Kandidaten vorab - meist online - bei einem Unternehmen. Dabei werden Anschreiben, Lebenslauf, Zeugnisse etc. elektronisch an das Unternehmen geschickt bzw. hochgeladen. Bei entsprechender Eignung werden die Kandidaten dann zu einem Online-Assessment eingeladen.

Was erwartet Sie bei einem Online-Assessment?

In der Regel erwartet den Bewerber bei Online-Assessments eine Art „Frage-und-Antwort-Spiel", eine Mischung aus Leistungs-, Konzentrations-, Intelligenz- und Persönlichkeitstests. Außerdem können hier spezielle Wissensfragen aus den jeweils relevanten Fachgebieten auftauchen. Der Prüfungszeitraum beträgt meist zwischen 60 und 90 Minuten, kann bei komplexen Assessments allerdings auch länger ausfallen.

Einige wenige Unternehmen haben das Online-Assessment inzwischen weiter ausgebaut und präsentieren den Bewerbern ein breiteres Spektrum an Aufgaben, etwa eine Art Postkorbübung oder eine Projektsimulation. Derartige Projekte sind allerdings noch in den Kinderschuhen und deshalb nicht allzu weit verbreitet.

Von zu Hause

Für gewöhnlich absolvieren Sie das Assessment vom heimischen Computer aus. Sie wählen sich mit Zugangsdaten übers Internet in das entsprechende Portal ein.

Wenn Sie zu einem Online-Assessment eingeladen bzw. aufgefordert werden, sollten Sie dies ernst nehmen und sich für die Bearbeitung Zeit und Ruhe nehmen. Sorgen Sie dafür, dass Sie sich zurückziehen können und wohl fühlen. Achten Sie darauf, dass Sie nicht gestört werden, hängen Sie gegebenenfalls ein Schild mit der Aufschrift „Nicht stören!" an Ihre Tür. Denn die meisten Online-Assessments fordern Ihre volle Aufmerksamkeit und Konzentration.

Kein Ersatz für das „live" Assessment Center

Ein Online-Assessment ersetzt das eigentliche Assessment Center jedoch nicht. Die Kandidaten, die sich beim Online-Assessment bewiesen haben, erhalten eine Einladung für ein AC oder einem ähnlichen Auswahlverfahren vor Ort. Immerhin wollen die Unternehmen die Kandidaten persönlich kennen lernen. Zudem kann beim Online-Assessment nicht sichergestellt werden, dass der Kandidat, der sich um die Stelle bewirbt, auch tatsächlich selbst das Online-Assessment durchführt. Das ist zugleich einer der größten Kritikpunkte.

Das Online-Assessment steckt zwar noch in den Anfängen, findet aber bei vielen Unternehmen immer mehr Zuspruch. Unter anderem, weil es mittel- und langfristig besonders kostengünstig ist. Es fallen weder Spesen (Unterbringung und Reisekosten) noch hohe Personalkosten für die Beobachter an.

Online-Assessment als Marketingstrategie

Das Online-Assessment dient nicht immer nur dazu, Mitarbeiter aktiv aus dem Pool der Bewerber zu selektieren. Manche Unternehmen nutzen solch ein Tool auch, um sich potentiellen Bewerbern zu präsentieren und diesen einen Einblick in das Unternehmen zu geben. Eine verbindliche Anmeldung oder aufwendige Bewerbung ist in diesen Fällen meist nicht notwendig. Das Online-Assessment dient dann eher als Marketinginstrument, aber auch als Einstufungs- und Orientierungshilfe für den Bewerber selbst:

- Gefällt mir das Unternehmen?
- Passe ich zum Unternehmen?
- Wo stehe ich im Vergleich zu anderen Bewerbern?
- Wo sind meine Stärken, wo meine Schwächen?

Ein solches Assessment wird etwa von der Commerzbank angeboten. Sie finden dieses unter www.hotstaff.de und eignet sich auch zu Vorbereitungszwecken.

 WAS SIE BEI ONLINE-ASSESSEMENTS BEACHTEN MÜSSEN

Notizen:

Das Online-Assessment dient in der Regel als Vorauswahl bzw. Vorstufe zum eigentlichen Assessment Center und ersetzt dieses daher nicht.

Es ist meist nur ein Auswahlverfahren für Hochschulabsolventen und so genannte Young Professionals.

In der Regel ist es ein Frage-und-Antwort-Spiel, eine Mischung aus Leistungs-, Konzentrations-, Intelligenz- und Persönlichkeitstests, ggf. auch Wissensfragen aus bestimmten Fachbereichen.

Dauer: ca. 60 bis 90 Minuten

Nehmen Sie sich für die Bearbeitung Zeit und sorgen Sie dafür, dass Sie nicht gestört werden.

Nehmen Sie das Online-Assessment ernst und konzentrieren Sie sich bei der Absolvierung.

Feedback und Nacharbeiten

Feedbackgespräche

Zu einem Assessment Center gehören in der Regel auch so genannte Feedbackgespräche. Unabhängig davon, ob Sie zu den auserwählten Kandidaten gehören, die ein Angebot erhalten, wird man in der Regel mit Ihnen über Ihre Ergebnisse und Leistungen sprechen und Ihnen mitteilen, welchen Eindruck Sie bei den Beobachtern hinterlassen haben. Sie erhalten dadurch nicht nur eine Einschätzung Ihrer Leistung und ein Feedback darüber, wie Sie auf andere wirken, sondern erfahren auch aus erster Hand, worauf die Beobachter geachtet und Wert gelegt haben.

Nutzen Sie zudem die Chance, den Beobachtern Fragen zu stellen, auch wenn diese Sie dazu nicht speziell auffordern. Hinterfragen Sie, woran es gelegen hat, falls Sie die Stelle nicht bekommen haben, und was Sie ändern und woran Sie arbeiten sollten, falls dies aus dem allgemeinen Feedbackgespräch für Sie nicht klar erkennbar geworden ist. Für Ihr nächstes AC kann Ihnen das nur helfen, auch wenn es unangenehm ist, kritisiert zu werden.

FEEDBACK

Nerven Sie die Beobachter während des Tages nicht mit Fragen nach Ihrer bisherigen Performance. Zum einen wollen die Beobachter kein Zwischenfeedback geben, zum anderen können sie es auch nicht, weil sich die Bewertung aus vielen verschiedenen Faktoren und Bewertungen unterschiedlicher Personen zusammensetzt.

Sie laufen vielmehr Gefahr, als jemand zu gelten, der sich einen Vorteil erschleichen möchte. Es wäre den anderen Bewerbern gegenüber ungerecht, einzelnen Kandidaten Feedback zu geben, es bestünde keine Chancengleichheit mehr. Warten Sie deshalb bis zum Ende des Assessment Centers.

Nacharbeiten

Machen Sie sich möglichst unmittelbar nach dem Assessment Center Notizen über Ihre ganz persönlichen Erfahrungen und die Einschätzung der Beobachter. Es lohnt sich immer, die Erfahrungen, die man während eines ACs sammeln konnte, niederzuschreiben. Das gilt nicht nur dann, wenn man den Job nicht bekommen hat. Das nächste Assessment Center kommt bestimmt, denn in der Regel wechseln heute die Arbeitnehmer den Arbeitsplatz alle zwei bis vier Jahre.

FRAGEN ZUM AUFARBEITEN DES ASSESSMENT CENTER

- Welche Aufgabenstellungen mussten bewältigt werden? Notieren Sie sich die Aufgaben und Fragestellungen. Arbeiten Sie diese zu Hause noch einmal nach.
- Wie habe ich auf die Beobachter gewirkt?
- Wo kam ich gut an? Wo kam ich weniger gut an?
- Wo hatte ich Schwächen? Und warum?
- Welche Aufgaben fielen mir schwer? Welche leicht?
- Auf welche Aufgaben war ich nicht vorbereitet?
- Was kann ich besser machen?
- Was haben andere Kandidaten gut oder gar besser als ich gemacht?

Die letzten Vorbereitungen

Während Sie sich intensiv auf die Inhalte und die Übungen eines Assessment Centers vorbereitet haben, fallen zum Schluss noch ein paar ganz konkrete Vorbereitungen an, die vom jeweiligen Unternehmen abhängig sind, bei dem Sie sich beworben haben beziehungsweise das Sie zu einem Assessment Center eingeladen hat. Nehmen Sie sich dafür etwas Zeit und beginnen Sie damit nicht erst am Vorabend des Assessment Centers.

Informationen sammeln

Informationen über das Unternehmen

Es mag den Anschein haben, dass sich AC-Teilnehmer nur ganz allgemein und kaum inhaltlich auf das Auswahlverfahren vorbereiten können. Lediglich bei der Selbstpräsentation scheint dies möglich. Das stimmt so allerdings nicht. Viele Unternehmen erwarten inzwischen, dass sich die Bewerber auch mit dem Unternehmen selbst auseinandersetzen. Um Ihnen die Arbeit zu erleichtern, haben wir Ihnen hier eine Checkliste mit den wichtigsten Basisinformationen zusammengestellt.

Recherchieren Sie diese Daten für jedes Unternehmen, bei dem Sie zu einem AC eingeladen werden. Zusammen mit der bereits angesprochenen Zeitungs- und Fachzeitschriftenlektüre sowie der Recherche auf den Internetseiten des Unternehmens wird Ihre Basis solide sein. Außerdem werden Sie zahlreiche Informationen bereits während der Bewerbungsphase gesammelt haben.

WAS WISSEN SIE ÜBER DAS UNTERNEHMEN?

	ja	nein
Wirtschaftliche Rahmendaten, wie zum Beispiel:		
■ Mitarbeiterzahl		
■ Hauptsitz		
■ Jahresumsatz		
■ Unternehmensform	☐	☐
Struktur und Aufbau des Unternehmens:		
■ Vorstand und Hierarchie		
■ Tochterfirmen, Fusionen, abgeschlossene Übernahmen		
■ Abteilungen	☐	☐
Firmenstandorte	☐	☐
Unternehmensphilosophie	☐	☐
Nationale und internationale Ausrichtung	☐	☐
Geschäftsfelder, Produkt- und Servicepalette	☐	☐
Konkurrenz	☐	☐
Rand- und Eckdaten der Branche	☐	☐
Engagement des Unternehmens in anderen Bereichen	☐	☐
Expansionsbestrebungen	☐	☐
Geplante Übernahme durch andere Firmen?	☐	☐

Informationen über das Assessment Center

Über Inhalte, Aufgaben und Schwerpunkte des ACs erhalten Sie von den Unternehmen dagegen meist nur spärlich Auskunft. Wesentlich auskunftsfreudiger sind dagegen Kandidaten, die bereits an einem AC teilgenommen haben. Im nächsten Kapitel finden Sie solche Erfahrungsberichte. Das Internet bietet Ihnen weitere zahllose Berichte ehemaliger Teilnehmer, etwa auf den Internetseiten folgender Portale:

- www.bewerbungslexikon.de
- www.e-fellows.net
- www.squeaker.net
- www.bewerbungspartner.de

Auf diesen Portalen finden Sie zudem Foren, in denen sich Kandidaten untereinander austauschen.

Allerdings sollten Sie die Erfahrungsberichte anderer Teilnehmer immer mit Vorsicht genießen. Die gesammelten Eindrücke sind subjektiv und dadurch nicht einfach zu übertragen. Zudem ist es für die Kandidaten meist nur schwer einzuschätzen, worauf die Beobachter tatsächlich Wert gelegt haben bzw. wie sie Leistungen eingeschätzt haben. Dennoch sind derartige Erfahrungsberichte eine gute Ergänzung zur persönlichen Vorbereitung.

Anreise, Unterkunft und Verpflegung

Alle notwendigen organisatorischen Informationen über das Assessment Center erhalten Sie in der Regel mit der Einladung zum Auswahlverfahren. Für Ihre Anreise, Unterkunft und Verpflegung kommt für gewöhnlich das Unternehmen auf, das Sie zu einem Assessment Center eingeladen hat. Das muss allerdings nicht immer so sein. In manchen Fällen müssen die Bewerber für die Anreise selbst aufkommen. Falls der potenzielle Arbeitgeber Sie darüber nicht informiert, sollten Sie sicherheitshalber in der Personal- bzw. Recruitingabteilung nachfragen. Dort wird man Ihnen alle Einzelheiten mitteilen können.

Planen Sie Ihre Anreise

Von Airlines und der Deutschen Bahn einmal abgesehen, müssen Sie sich in der Regel um die Anreise selbst kümmern. Hier ist Zeitmanagement und Organisation gefragt.

- Räumen Sie sich für die Planung der Reise genügend Zeit ein.
- Buchen Sie Flugtickets oder Bahnfahrkarten rechtzeitig.
- Bei der Anreise mit dem Auto sollten Sie sich die Route sowie eine Ausweichroute gegebenenfalls von einem Routenplaner berechnen lassen.
- Rechnen Sie Staus sowie Verspätungen von Flügen oder öffentlichen Verkehrsmitteln in die Planung mit ein. Räumen Sie sich einen zeitlichen Puffer ein.
- Vergewissern Sie sich, dass Sie die exakte Adresse vorliegen haben.
- Haben Sie genügend Schlaf eingeplant? Wenn Sie übermüdet beim AC eintreffen, können Sie meist nicht Ihre Höchstleistungen erbringen. Diese sind jedoch notwendig, wenn Sie den Job bekommen wollen.
- Tragen Sie ordentliche und der Position entsprechende Kleidung und Schuhe. Die Schuhe sollten frisch geputzt sein und keine abgelaufenen Absätze haben.

✓ WAS SIE BEI DER VORBEREITUNG NICHT VERGESSEN DÜRFEN

	Notizen:
Haben Sie das richtige Verhalten beziehungsweise Auftreten für ein Assessment Center verinnerlicht?	
Treten Sie überzeugend und offen auf, aber nicht überheblich.	

Äußern Sie sich stets klar und sachlich.

Denken Sie gegebenenfalls kurz nach.

Bilden Sie kurze Sätze. Schweifen Sie nicht vom Thema ab.

Sprechen Sie langsam und überlegt.

Hören Sie Ihrem Gegenüber aufmerksam zu.

Schauen Sie Ihr Gegenüber stets an. Halten Sie Augenkontakt.

Bleiben Sie stets ruhig, auch wenn Sie provoziert werden.

Gehen Sie offen und interessiert mit allen Anwesenden um.

Gehen Sie auf die Argumente der anderen ein.

Argumentieren Sie sachlich, rational, logisch und nachvollziehbar.

Achten Sie auf Ihre Mimik und Gestik

Achten Sie auf die Reaktionen und Signale der anderen.

Versuchen Sie, in Stresssituationen Ruhe zu bewahren.

Nutzen Sie Pausen, um wieder zur Ruhe zu kommen.

Erfahrungsberichte

Es ist eine Sache, sich theoretisch und mit allerlei Übungsaufgaben auf ein Assessment Center vorzubereiten. Wie sich ein solches Auswahlverfahren tatsächlich auf die eigene Psyche auswirkt, welchem Druck man ausgesetzt ist und wie man damit umgeht, das weiß man erst dann, wenn man ein Assessment Center mit allen Höhen und Tiefen selbst durchlaufen hat. Einen kleinen Einblick in das Innenleben von Kandidaten wollen wir Ihnen hier schon einmal geben. Einige Bewerber haben uns Erfahrungsberichte geschrieben.

Assessment Center bei einer Unternehmensberatung

Pünktlich um 6:30 Uhr klingelt der Wecker. So, jetzt aufstehen, versuchen etwas zu frühstücken und vor allem: Ruhe bewahren. Heute ist nämlich ein besonderer Tag. Ich nehme an meinem ersten Assessment Center bei einer Beratung teil und bin schon ziemlich nervös. Natürlich habe ich mich schon davor über den Ablauf solch eines Tages informiert und mich bei Freunden umgehört. Mit gemischten Gefühlen mache ich mich auf den Weg. Bloß nicht zu spät kommen. Im Kopf gehe ich noch mal durch, auf was ich an dem Tag alles achten will: Ins Team einbringen, nicht zu ruhig sein aber auch nicht zu viel sagen. Hängt natürlich auch alles von meinen Mitbewerbern ab. Wie werden die wohl sein?

Je näher ich an das Office komme, desto nervöser werde ich. Kurz bevor ich das Office erreiche, kontrolliere ich noch mal meine Klamotten. Der erste Eindruck ist halt doch wichtig, denke ich mir. Noch einmal tief durchatmen und rein geht's. An der Rezeption wird mir gesagt, dass ich noch etwas warten muss. Nun sehe ich zum ersten Mal meine Mitbewerber. Hoffentlich ist einer dabei, mit dem ich mich etwas unterhalten kann. Nun hat die Gruppe der Wartenden mich auch gesehen und mustert mich, wie ich auf sie zu komme. Nach einem kurzem gegenseitigen Bekannt machen verbringen wir die nächsten 20 Minuten mit Smalltalk. Ich fühle mich gleich sehr wohl in der Gruppe. Schnell wird klar, dass die anderen genauso unsicher sind. Meine Nervosität legt sich langsam.

Um 8:45 Uhr werden wir von einer Recruiting-Mitarbeiterin abgeholt und in einen Seminarraum geführt. Die Stimmung ist sehr nett, die Personaler sind bemüht, eine angenehme Atmosphäre zu schaffen. Uns wird kurz erklärt, wie der Tag ablaufen wird. Zunächst gibt es eine kurze Präsentation über das Unternehmen. Danach werden alle Bewerber in Gruppen eingeteilt, mit denen sie dann jeweils ein Projekt bearbeiten sollen. Die Gruppen wiederum werden von einem Personaler und einem Manager durch den Tag begleitet und beobachtet. Jeder Bewerber muss in seiner Gruppe eine Aufgabe selbstständig bearbeiten. Die Ergebnisse dieser Einzelaufgaben müssen zunächst der eigenen Gruppe präsentiert, dann zusammengefügt und in einer abschließenden Präsentation dem Kunden, also in diesem Fall einem Partner der Beratung, vorgestellt werden.

In meiner Gruppe sind alle sehr nett und wir kommen auch schnell zu einem Plan, wie wir diese Aufgabe angehen wollen. In den ersten paar Minuten dieses Kick-Off-Meetings merkt man schon, dass alle versuchen, vor dem Personaler und dem Manager eine gute Figur zu machen. Doch nach ein paar Minuten haben wir alle die Anwesenheit der beiden fast vollends vergessen. Nachdem wir uns über die Herangehensweise an die Aufgabe einig geworden sind, machen wir uns alle an unsere Einzelaufgaben, für die wir eine Stunde Zeit haben.

Meine Nervosität, die die letzten zwei Stunden wie weggeblasen war, ist auf einmal, als ich mir meine Aufgabe anschaue, wieder voll da. Ich versuche mich zu beruhigen, atme tief durch und fange an, die Aufgabe zu lesen. Nach dem ersten Durchlesen ist mir nicht ganz klar, was ich machen soll. Das trägt natürlich nicht wirklich dazu bei, ruhiger zu werden. Nachdem ich nun schon fast die Hälfte meiner Zeit mit Lesen verbummelt habe, steigt langsam aber sicher Panik in mir auf. Ich fang an zu rechnen, ohne tatsächlich zu wissen, was ich rechne. Die Zeit läuft mir weg. Noch fünf Minuten bis ich mein Ergebnis meinem Team präsentieren soll. Doch ich habe leider nichts zu präsentieren. Die Zeit ist vorbei, unsere Aufgabenblätter werden von den Recruiting-Mitarbeitern eingesammelt.

Zu diesem Zeitpunkt ist mir eigentlich schon klar, dass ich keine Chance mehr habe. Ich laviere mich mit meinen Pseudoergebnissen durch meine Präsentation, doch was will man schon groß sagen, wenn man nicht wirklich zu einem Ergebnis gekommen ist?

Um kurz nach zwölf haben wir eine kurze Mittagspause. Die ist für mich auch nötig, da ich mit meinen Nerven nun wirklich am Ende bin. Ich bekomme ein paar aufmunternde Worte von den anderen Bewerbern und auch von dem Manager. Nach der Pause fügen wir in den einzelnen Gruppen unsere Ergebnisse zusammen. Obwohl ich weiß, dass ich eigentlich keine Chance mehr habe, versuche ich noch mal mich so gut wie möglich einzubringen. Die Zusammenarbeit mit den anderen macht auch wirklich Spaß.

Um 15:00 Uhr beginnt dann die Präsentation vor den anderen Gruppen, den Managern und dem Partner, der den Kunden spielt. Unsere Präsentation läuft relativ gut, außer dass sie zu lang ist und wir deshalb nicht mehr zu unserem Schluss und damit der Empfehlung für den Kunden kommen. Nachdem auch die anderen Gruppen präsentiert haben, ziehen sich die Personaler und Manager zurück und beraten, wem sie ein Angebot machen werden. Während dieser Zeit haben wir die Gelegenheit, einem Berater Fragen zu seiner täglichen Arbeit, zu den Vor- und Nachteilen dieses Berufes und der Beratung zu stellen.

Nach ungefähr einer Stunde ist es dann soweit. Einzeln werden wir zu den Personalern und Managern gerufen, die uns den ganzen Tag beobachtet haben. Auch wenn ich meine Hoffnung auf Grund des schlechten Rechenergebnisses schon fast aufgegeben habe, mache ich mir trotz allem insgeheim noch etwas Hoffnung, dass es vielleicht doch noch mit einem Angebot klappt. Das Gespräch verläuft sehr nett. Mir wird gesagt, was ihnen den Tag über sehr gut bei mir gefallen hat und natürlich auch was weniger gut war. Leider kommt es zu dem Ergebnis, dass meine Persönlichkeit zwar gut zu der Beratung passen würde, doch konnten sie mir wegen meiner schlechten Leistung bei der Einzelaufgabe leider kein Angebot machen.

Auch wenn ich fast damit gerechnet hatte, bin ich nun trotz allem sehr enttäuscht. Mich ärgert vor allem, dass ich eigentlich ein recht gutes Feedback bekommen habe, mir das alles aber nichts bringt und es meinen

Blackout bei der Aufgabe einfach nicht wettmachen konnte. Immerhin kann ich mich damit trösten, dass es zumindest nicht an meiner Persönlichkeit lag, dass wäre sicher viel schwieriger zu ändern.

Enttäuscht und traurig mache ich mich auf den Heimweg und ärgere mich weiter über mich selbst. Auch wenn der Tag nicht wirklich gut für mich endete, so muss ich doch sagen, dass er trotz allem Spaß gemacht hat. Überrascht war ich vor allem von der sehr netten Atmosphäre, die sowohl von den Mitarbeitern bei der Beratung als auch von den anderen Bewerbern ausging. Auch wenn die Manager und Personaler den ganzen Tag um uns herum waren, so habe ich mich nie wirklich beobachtet gefühlt, was vermutlich aber auch daran lag, dass ich den ganzen Tag mit Aufgaben beschäftigt war. Alles in allem war es auf jeden Fall eine interessante Erfahrung, bei der man auch einiges über sich selbst lernen konnte.

Assessment Center bei einem deutschen Automobilhersteller

Mein Assessment Center war ein Lehrbuchbeispiel. Eine Personalerin und drei Bereichsleiter bildeten das Recruiting-Team. Zu besetzen waren mehrere Positionen. Ich war einer von insgesamt sieben Bewerbern. Die offenen Stellen waren eigentlich für Maschinenbau- oder Wirtschaftsingenieure ausgeschrieben, meine Chancen als Wirtschaftswissenschaftler waren also von meiner Qualifikation ausgehend eher unterdurchschnittlich. Wahrscheinlich war das auch der Grund, warum ich relativ unangespannt in das Assessment Center ging und es mehr als ein Lernbeispiel und als Übung ansah.

Nach einer kurzen Vorstellung der Mitarbeiter wurden die zu besetzenden Stellen kurz beschrieben, samt den gesuchten Qualifikationen. Dann sollte sich jeder Bewerber kurz vorstellen. Danach wurde die erste von insgesamt drei Aufgaben vorgestellt: ein Rollenspiel. Jeder Bewerber sollte sich in die Rolle eines Abteilungsleiters versetzen und im jährlichen Bewertungsgespräch mit anderen Abteilungsleitern einen seiner Mitarbeiter für eine Beförderung durchsetzen. Jeder Bewerber hatte als Material die Profile und

Lebensläufe der Kandidaten zur Verfügung. Die individuelle Vorbereitungszeit war zehn Minuten, die Diskussion mit 30 Minuten angesetzt.

Die zweite Aufgabe war die Entwicklung einer Werbekampagne. Ziel war es, das Unternehmen bei Studenten attraktiver aussehen zu lassen, um mehr Bewerber anzulocken. Die individuelle Vorbereitungszeit hier war 15 Minuten, danach folgten 30 Minuten Diskussion der Vorschläge und die Auswahl eines Vorschlags.

Neben den individuell erarbeiteten Ergebnissen prüften die Mitarbeiter bei den ersten beiden Aufgaben vor allem die Durchsetzungsfähigkeit der Kandidaten, unser Diskussionsverhalten und unsere Argumentationsfähigkeit sowie die Fähigkeit, als Team eine Lösung herbeizuführen. Dabei wurde zusätzlich darauf geachtet, ob einzelne Bewerber Moderations- und Führungsqualitäten zeigten.

Die dritte Aufgabe war eine individuelle Präsentation zu einem vorgegebenen Thema. Dafür standen uns 20 Minuten Vorbereitung zur Verfügung, für die individuelle Präsentation 5 Minuten plus 5 Minuten für Fragen und Antworten.

Nach den einzelnen Aufgaben zogen sich die Mitarbeiter zur Beratung und Bewertung der Bewerber zurück. In diesen Pausen wurde unter den Bewerbern immer wieder diskutiert, wie man auf welche Prüfer gewirkt hat. Jede Geste oder Mimik wurde bis ins kleinste Detail analysiert und interpretiert – mit dem Ergebnis, dass alle nervöser wurden und versuchten, den tieferen Sinn hinter den Aufgaben zu suchen und zusätzlich zu antizipieren, auf welche Fähigkeiten und Verhaltensweisen die Prüfer besonders achten bzw. Wert legen.

Das endgültige Feedback wurde den Kandidaten nach allen drei Aufgaben individuell gegeben. Drei Kandidaten wurden nach den ersten drei Aufgaben bereits ein Jobangebot gemacht, ich war einer davon. Die anderen wurden in Einzel-Interviews weiter geprüft.

Für mich war vor allem lehrreich, dass nicht unbedingt die durch das Studium erworbene Qualifikation wichtig in Assessment Centern ist, sondern viel mehr die sozialen Kompetenzen, etwa in Teams arbeiten zu können oder in Diskussionen offen und sympathisch zu wirken. Aber auch die Fähigkeiten, in Situationen zielstrebig zu agieren, in denen man unter Beobachtung sowie Leistungs- und Zeitdruck steht.

Wie eingangs bereits erwähnt, war ich relativ entspannt und habe dieses Assessment Center nur als Test gesehen. Genau auf diese Lockerheit haben die Prüfer sehr positiv reagiert, wie ich im Feedback erfahren habe. Eine Standardaussage, aber es stimmt: Man sollte sich in Assessment Centern nicht verstellen, sondern versuchen, entspannt zu sein und man selbst zu bleiben. Versuchen, zu antizipieren, welche Verhaltensweisen die Prüfer suchen und wollen, und sich dementsprechend zu Verhalten, bringt nicht den erwünschten Erfolg. Alle Mitbewerber, die dieser Strategie folgten, sind an diesem Tag eher gescheitert.

Stichwortverzeichnis

A

Administrative Fähigkeiten 13, 18
Allgemeinbildung 145
Allgemeinwissen 135, 167
Analysefähigkeit 100
Analysefähigkeiten 14, 20
Analytische Fähigkeiten 14, 19, 58, 123
Analytisches Denken 47, 53, 135, 145, 167
Arbeitsorganisation 131
Argumentationsstärke 145
Assessment Center 25
- Ablauf 29
- Anreise 175
- Aufgaben 27
- Automobilhersteller 182
- Informationen 175
- Jury 33
- Prüfungen 27
- simulierte 26
- Vorbereitung 25, 173
Assessoren 33
Au Pair 57
Aufsätze
- Aufbau 147
- Optisches Erscheinungsbild 148
- Struktur 147
Auftreten 13, 17
Ausdauer 14, 22, 58, 100, 131, 135, 167
Ausdrucksverhalten 13, 17, 47, 53
Ausdrucksvermögen 13, 17
Auslandsaufenthalte 57
Ausstrahlung 47, 53
Auswahlseminar 10

B

Belastbarkeit 14, 22, 58, 100, 135, 167
Beobachter 33
- Nachfragen 105
Berufseinsteiger 60
Berufserfahrung 56
Bewerberseminar 10
Branchenpräsentation 48

D

Delegationsfähigkeit 58
Delegationsfähigkeiten 14, 19
Denken, strukturiertes 14, 20
Diskussionsergebnis 44
Diskussionsrunden 78
Durchsetzungsvermögen 16, 36, 47, 58

E

EDV-Kenntnisse 57
Ehrenamtliches Engagement 57
Eigeninitiative 58
Eigenschaften, persönliche 135
Einfühlungsvermögen 13, 58, 77
Einsatzbereitschaft 14, 21, 58
Entscheidungsfähigkeit 13, 18, 100, 123
Entscheidungsfreude 123
Entscheidungsstärke 58
Entscheidungsverhalten 13, 18
Erfahrungsberichte 179
- Unternehmensberatung 179
Ergebnisorientiertheit 77, 123
Ergebnispräsentation 48

F

Fachwissenstests 142
Fachwissentests 136
Fähigkeiten
- administrative 13, 18
- analytische 14, 19
- zwischenmenschliche 13, 15

Fallstudien 28, 123, 124
Feedback 171
Feedbackgespräche 171
Ferienjobs 57
Flexibilität 14, 23
Fortbildung 56
Fremdeinschätzung 18, 28, 152
Fremdsprachenkenntnisse 57
Führungserfahrung 58
Führungspotenzial 58
Führungsqualitäten 13, 16, 77, 100, 123
Führungsstil 13, 16, 77, 100, 123
Führungsverhalten 58

G

Gruppendiskussion 27, 36, 98
- Ergebnis 44
- Themenwahl 40
- Üben 42

Handschrift 145
Hobbys 57
Höflichkeitsregeln 81

I

Innovationsfähigkeit 22
Integrationsverhalten 36
Intelligenz 135, 167
Intelligenztests 136, 139
Interessen 57

Interview 155
- Typische Fragen 162
- Vermutungen 164
- Vorwürfe 164

Interviews 28

J

Jury 33

K

Kollegialität 36
Kombinationsfähigkeit 47, 53, 58, 100
Kombinationsfähigkeiten 14, 20
Kommunikationsfähigkeit 13, 15, 36, 47, 53, 58, 77, 84
Kompromissfähigkeit 58, 77
Konflikt- und Problemlösungsfähigkeit 13
Konfliktfähigkeit 16
Konstruktionsübungen 29
Kontaktverhalten 13
Konzentrationsfähigkeit 135, 167
Konzentrationstests 136
Kooperationsfähigkeit 36, 58, 77
Kooperationsvermögen 13
Koordinationsfähigkeit 36
Körpersprache 159
Kreativität 14, 22, 58, 131
Kritikfähigkeit 58, 151, 167
Kundengespräch 92
Kundengespräche 78

L

Lehrtätigkeiten 57
Leistungsbereitschaft 14, 21, 58
Leistungsmotivation 155, 158, 167

Stichwortverzeichnis

Leistungstests 136
Leistungsverhalten 14, 20
Logisches Denken 58, 135, 167

M

Menschenkenntnis 13, 77
Mitarbeiterführung 77, 123
Mitarbeitergespräch 81
Mitarbeitergespräche 78
Mitarbeitermotivation 13, 16, 58, 123
Mobilität 14, 23, 58
Motivation 14, 21, 131

N

Nacharbeiten 171, 172
Nebenjobs 57

O

Objektivität 151
Online-Assessment 167
Organisationsfähigkeit 14, 100

P

Personal Decison Day 10
Personalauswahlverfahren 10
Personalführung 58, 77
Persönliche Eigenschaften 135, 167
Persönlichkeitstests 136, 140
Planspiele 28, 123, 128
Planungsfähigkeit 14
Postkorbübung 28, 100, 102
- Beispiel 106
- Lösungsvorschlag 115
Potenzialanalyse-Seminar 10
Praktika 57
Präsentation, themenorientierte 48

Präsentationen 27, 47, 69
- Aufbau 73
- Dauer 71
- Vorbereitung 72
- Vorbereitungszeit 71
Prioritätensetzung 19, 58, 100
Problemfindungsfähigkeit 123
Problemlösungsfähigkeit 16, 58, 77, 100
Problemorientiertheit 77, 123

R

Rechtschreibung 145
Recruiting Workshop 10
Reflexionsfähigkeit 58, 151
Reflexionsvermögen 13, 18
Reklamationsgespräche 78
Risikobereitschaft 100
Rollenspiele 27, 77, 79
- Vorbereitung 79

S

Schätzaufgaben 126
Schriftliches Ausdrucksvermögen 145
Selbsteinschätzung 13, 18, 28, 53, 145, 155
Selbstkritik 58
Selbstorganisation 14, 22, 58, 100
Selbstpräsentation 28, 48, 53
- Aufbau 59
- Berufseinsteiger 60
- Inhalt 59
- Länge 63
- Schlüsselwörter 61
- Struktur 59
- Vorbereitung 55
- Zusammenfassen 62
Selbstreflexion 53

Selbstständiges Arbeiten 47, 53, 58
Soft Skills 58
Sozialverhalten 13
Sprachliches Ausdrucksvermögen 36, 51, 53, 159
Stärken-Schwächen-Analyse 156
Steckbrief 67
Stressresistenz 22
Stressverhalten 100
Strukturiertes Arbeiten 47, 53
Strukturiertes Denken 14, 20, 58, 145

T

Teamarbeit 47
Teamfähigkeit 13, 17, 36, 58, 131
Tests 28
Themenorientierte Präsentation 48
Themenpräsentationen 69

U

Überzeugungsfähigkeit 145
Überzeugungskraft 13, 16, 58
Übungsleiter 57
Umgangsformen 81
Unternehmensplanspiele 128

Unternehmenspräsentation 48
Unternehmerisches Denken 14, 21, 58

V

Verhandlungsgespräch 92
Verhandlungsgespräche 78
Verkaufsgespräche 78
Verkaufspräsentation 48
Verständnisfragen 53
Vorträge 27, 47

W

Weiterbildung 56

Z

Zeitmanagement 14, 22, 58, 100
Zeitvorgaben 52
Zielorientiertheit 58
Zielorientierung 14, 21
Zielstrebigkeit 14, 21, 58
Zwischenmenschliche Fähigkeiten 13, 15

Literaturempfehlungen

Brenner/Brenner:
Einstellungstests sicher bestehen,
3. Auflage, 2009

Förster, Lisa:
Die besten Bewerbungsmuster Englisch,
3. Auflage, 2008

Hagmann/Hagmann:
Die besten Bewerbungsmuster Bachelor/Master,
2. Auflage, 2009

Müller-Thurau, Claus-Peter:
101 Fragen und Antworten im Vorstellungsgespräch,
3. Auflage, 2008

Informationszentrum der deutschen Versicherungen,
„Startklar. Tipps und Infos für Uni-Absolventen".
www.klipp-und-klar.de

Die Autoren

Christoph Hagmann ist seit 1996 als Berater für große internationale Unternehmensberatung tätig. Dort führt er u. a. Auswahlverfahren und Recruiting-Veranstaltungen für Berufseinsteiger sowie für berufserfahrene Bewerber durch.

Jasmin Hagmann arbeitet als selbstständige Journalistin und Autorin, u. a. für die Süddeutsche Zeitung. Darüber hinaus unterstützt und berät sie Bewerber bei der optimalen Gestaltung Ihrer Bewerbungsunterlagen.

Unter www.bewerbungsmappencheck.de können Sie Ihre Bewerbungsunterlagen von den Autoren prüfen und überarbeiten lassen.

Erfolgsfaktor Vertrauen

Ob zwischen Unternehmen und Kunden oder Chefs und Mitarbeitern, auch im beruflichen Alltag spielt Vertrauen eine zentrale Rolle. Hier erfahren Sie, wie Sie Vertrauen aufbauen, Misstrauen begegnen und verlorenes Vertrauen zurück gewinnen. Mit zahlreichen Beispielen und Handlungsempfehlungen aus dem Businessalltag.

€ 19,80
ca. 240 Seiten
ISBN 978-3-448-09591-3
Bestell-Nr. E00128

Jetzt bestellen! ☏ 0180 - 50 50 440* oder in Ihrer Buchhandlung

*0,14 €/Min. aus dem deutschen Festnetz, max. 0,42 €/Min. mobil. Ein Service von dtms.

www.haufe.de/bestellung

Souveräner Auftritt!

Kostenlos für Buchkäufer: Persönliche Online-Beratung durch unsere Experten!

Dieser Ratgeber verrät Ihnen alle Tricks, um vor Kollegen und Vorgesetzten erfolgreich aufzutreten – von der richtigen Vorbereitung bis zu überzeugenden Präsentation.

Auf CD-ROM:
- Zahlreiche Musterreden
- Beispielpräsentationen in PowerPoint

€ 18,80 [D]
ca. 220 Seiten
Buch mit CD-ROM
978-3-448-09520-3
Bestell-Nr. E00209

Jetzt bestellen! 0180 - 50 50 440* oder in Ihrer Buchhandlung

*0,14 €/Min. aus dem deutschen Festnetz, max. 0,42 €/Min. mobil. Ein Service von dtms.

www.haufe.de/bestellung

Haufe